Workbook and Laboratory Manual
Cuaderno de actividades y Manual de laboratorio

MUNDO UNIDO

REPASO Y CONVERSACIÓN

NIVEL INTERMEDIO

María Canteli Dominicis
St. John's University, New York

With assistance from
Esperanza Garnica and Juan Saborido

JOHN WILEY & SONS, INC.
New York · Chichester · Brisbane · Toronto · Singapore

Copyright © 1996 by John Wiley & Sons, Inc.

All rights reserved.

Reproduction or translation of any part of this work
beyond that permitted by Sections 107 and 108 of
the 1976 United States Copyright Act without the
permission of the copyright owner is unlawful.
Requests for permission or further information
should be addressed to the Permissions Department,
John Wiley & Sons, Inc.

ISBN 0-471-58483-5

Printed in the United States of America

10 9 8 7 6 5 4 3 2 1

TO THE STUDENT

This Workbook/Laboratory Manual reinforces the material presented in *Mundo unido: Repaso y conversación.* It will help you review the grammar structures, while at the same time developing your ability to understand, write, and express yourself orally in Spanish.

About the Workbook

Each chapter in the Workbook section is preceded by a *Repaso previo*. You should do these exercises before the corresponding chapter in the textbook is taught in class. The *Repaso previo* presents verb forms and other important grammar forms. Review the ones you already know and learn the new ones. Then test yourself by doing the exercises in the corresponding *Práctica previa*. By practicing these new forms before coming to class, you will master them and understand more easily your instructor's explanations in class about their uses. In addition, you will feel more comfortable participating in oral exchanges with your classmates.

The exercises in the Workbook are different from those in the textbook, so doing them will be very helpful to you. You will find some of the *Escenas* and realia from the core textbook repeated here, but you will be using them in a different way. You'll also notice that the Workbook contains numerous illustrations as well as crossword puzzles and pieces of realia. These are meant to make the learning process more enjoyable. The main purpose of the puzzles is to provide you with additional practice of the new vocabulary.

The solutions for the crossword puzzles appear at the end of the Workbook/Laboratory Manual so that you can determine for yourself whether you know the new vocabulary well or need to study more. The Workbook/Laboratory Manual does not provide answers to the other exercises. Your instructor will decide whether to go over the exercises with you in class or to reproduce the instructor' answer key so that you can correct the exercises yourself.

About the Laboratory Manual

The Laboratory Manual section is designed to help you strengthen your listening comprehension skills as well as your speaking skills. You will notice that most of the audio script appears in the exercises in your Laboratory Manual in the first few chapters. From there on, you will hear progressively more material on tape that isn't reproduced in your Laboratory Manual. In order to sharpen your listening skills, we encourage you to listen to the tape and not read the text when it is provided for you. Like the Workbook portion, the answers for the Laboratory Manual exercises are not provided.

Since oral practice in the lab is arduous and can be monotonous, we have made an effort to put some humor in the drills. We hope you enjoy it. However, in the event that you consider lab work an unpleasant task, keep in mind that *listening and repeating is the most effective way to learn a language.* After all, this is the way you learned your own language as a baby. What worked so well for you then can work equally well for you as an adult learning a foreign language. All you need to do is to really try.

¡Manos a la obra y buena suerte!

Acknowledgements

I am grateful to Esperanza Garnica and Juan Saborido for their collaboration in the early stages of this project and to my son Víctor for the illustrations. A special word of thanks should go to Andrea Bryant for her most valuable support in bringing this project to completion.

M.C.D.

CONTENTS

CUADERNO DE ACTIVIDADES   1

Capítulo 1: ENTRE ESTUDIANTES   3

Capítulo 2: LA FAMILIA   15

Capítulo 3: LA CASA   29

Capítulo 4: VIDA DOMÉSTICA   41

Capítulo 5: LA CIUDAD   53

Capítulo 6: MANERAS DE VESTIR   67

Capítulo 7: ¡QUE APROVECHE!   77

Capítulo 8: ¡VAMOS AL CAMPO!   89

Capítulo 9: HAY QUE GANARSE LA VIDA   105

Capítulo 10: LOS DEPORTES   117

Capítulo 11: LOS ESPECTÁCULOS   129

Capítulo 12: VIAJANDO PRO EL MUNDO HISPÁNICO   143

MANUAL DE LABORATORIO   155

Capítulo 1: ENTRE ESTUDIANTES   157

Capítulo 2: LA FAMILIA   165

Capítulo 3: LA CASA   173

Capítulo 4: VIDA DOMÉSTICA   181

Capítulo 5: LA CIUDAD   187

Capítulo 6: MANERAS DE VESTIR   193

Capítulo 7: ¡QUE APROVECHE!   199

Capítulo 8: ¡VAMOS AL CAMPO!   207

Capítulo 9: HAY QUE GANARSE LA VIDA   213

Capítulo 10: LOS DEPORTES   219

Capítulo 11: LOS ESPECTÁCULOS   225

Capítulo 12: VIAJANDO PRO EL MUNDO HISPÁNICO   231

RESPUESTAS A LOS CRUCIGRAMAS   237

Cuaderno de actividades

NOMBRE _____ FECHA _____ CLASE _____

Capítulo 1

*Repaso previo**

Forms of the present tense

Regular present endings		
-ar	-o, -as, -a, -amos, -áis, -an	**hablar** > **hablo, hablas, habla,** hablamos, habláis, **hablan**
-er	-o, -es, -e, -emos, -éis, -en	**comer** > **como, comes, come,** comemos, coméis, **comen**
-ir	-o, -es, -e, -imos, -ís, -en	**vivir** > **vivo, vives, vive,** vivimos, vivís, **viven**

Stem-changing verbs

1. Verbs that change **e** to **ie**

pensar (*to think*) > **pienso, piensas, piensa,** pensamos, pensáis, **piensan**

perder (*to lose*) > **pierdo, pierdes, pierde,** perdemos, perdéis, **pierden**

sentir (*to feel*) > **siento, sientes, siente,** sentimos, sentís, **sienten**

Also: **atravesar** (*to cross*); **cerrar** (*to close*); **comenzar** (*to begin*); **despertar(se)** (*to wake up*); **empezar** (*to begin*); **recomendar** (*to recommend*); **regar** (*to water*); **sentar(se)** (*to sit down*); **encender** (*to light, turn on*); **entender** (*to understand*); **querer** (*to love, want*); **advertir** (*to warn, notify*); **divertirse** (*to enjoy oneself*); **preferir** (*to prefer*)

---

* The *Repaso previo* presents forms, not rules. You should study the forms and practice them at home before the corresponding chapter is done in class.

2. Verbs that change **o** to **ue**

encontrar (*to find*) > **encuentro, encuentras, encuentra**, encontramos, encontráis, **encuentran**

volver (*to return*) > **vuelvo, vuelves, vuelve**, volvemos, volvéis, **vuelven**

dormir (*to sleep*) > **duermo, duermes, duerme**, dormimos, dormís, **duermen**

Also: **acordarse** (*to remember*); **acostarse** (*to go to bed*); **almorzar** (*to eat lunch*); **contar** (*to count; to narrate*); **recordar** (*to remember*); **devolver** (*to give back*); **mover(se)** (*to move*); **oler** (**o** to **hue**: **huelo**) (*to smell*); **poder** (*can, to be able*); **resolver** (*to solve; to resolve*); **morir(se)** (*to die*)

3. Verbs that change **e** to **i**

pedir (*to ask for*) > **pido, pides, pide**, pedimos, pedís, **piden**

Also: **despedirse** (*to say goodbye*); **impedir** (*to prevent*); **reír(se)** (*to laugh*); **repetir** (*to repeat*); **servir** (*to serve*); **sonreír** (*to smile*); **vestir(se)** (*to dress [oneself]*)

Verbs with irregular *yo*-forms

caer (*to fall*) > **caigo**

conducir (*to drive*) > **conduzco**

　Like **conducir**: **producir** (*to produce*); **traducir** (*to translate*); **conocer** (*to know*) > **conozco**

　Like **conocer**: **agradecer** (*to thank*); **aparecer** (*to appear*); **carecer** (*to lack*); **crecer** (*to grow*); **merecer** (*to deserve*); **obedecer** (*to obey*); **ofrecer** (*to offer*); **parecer** (*to seem*); **permanecer** (*to remain*); **pertenecer** (*to belong*); **reconocer** (*to recognize; to acknowledge*)

dar (*to give*) > **doy**

hacer (*to do, make*) > **hago**

　Like **hacer**: **deshacer** (*to undo*); **satisfacer** (*to satisfy*)

poner (*to put*) > **pongo**

　Like **poner**: **disponer** (*to dispose*); **imponer** (*to impose*); **oponer(se)** (*to oppose*); **proponer** (*to propose*)

saber (*to know*) > **sé**

salir (*to go out*) > **salgo**

traer (*to bring*) > **traigo**

　Like **traer**: **atraer** (*to attract*); **contraer** (*to contract*)

ver (*to see*) > **veo**

NOMBRE _____ FECHA _____ CLASE _____

> **Irregular verbs in the present tense**
>
> **decir** (*to say, tell*) **digo, dices, dice,** decimos, decís, **dicen**
>   Like **decir: bendecir** (*to bless*); **contradecir** (*to contradict*); **predecir** (*to predict*)
> **estar** (*to be*) **estoy, estás, está,** estamos, estáis, **están**
> **haber** (*to have*) **he, has, ha, hemos, habéis, han**
> **ir** (*to go*) **voy, vas, va, vamos, vais, van**
> **oír** (*to hear*) **oigo, oyes, oye,** oímos, oís, **oyen**
> **ser** (*to be*) **soy, eres, es, somos, sois, son**
> **tener** (*to have*) **tengo, tienes, tiene,** tenemos, tenéis, **tienen**
>   Like **tener: contener** (*to contain*); **entretener** (*to entertain*); **mantener** (*to maintain; to support*); **sostener** (*to sustain, support*)
> **venir** (*to come*) **vengo, vienes, viene,** venimos, venís, **vienen**

Práctica previa

A. Las siguientes narraciones están en la primera persona del plural. Cámbielas a la primera persona del singular: **Los días de semana, yo . . .** (*Some of the verbs in this practice are reflexive. The object of the verb is the person himself/herself. You'll need to substitute* **me** (*myself*) *for* **nos.** *You may also need to change plural adjectives that modify a first-person plural to the singular form.*)

Los días de semana, mi compañera de apartamento y yo *repetimos* 1_____ la rutina.

a. En casa:

Nos acostamos 2_____ a las diez y media y *dormimos* 3_____ ocho horas. Por la mañana, *despertamos* 4_____ cuando *oímos* 5_____ el despertador y *comenzamos* 6_____ la rutina diaria. *Vamos* 7_____ al baño y *encendemos* 8_____ la luz. *Nos vestimos* 9_____ rápidamente, porque no *disponemos* 10_____ de mucho tiempo. Cuando *estamos* 11_____ cocinando el desayuno y lo *olemos* 12_____, *sonreímos* 13_____, porque *tenemos* 14_____ hambre. A las siete *nos sentamos* 15_____ a la mesa y

Capítulo 1: Entre estudiantes

nos servimos 16_____ el desayuno. A las ocho, *nos despedimos*

17_____ de Capitán, el perro, *salimos* 18_____ de casa y

cerramos 19_____ la puerta de la calle.

b. La ida:

No *conducimos* 20_____ el coche para ir a clase; *preferimos*

21_____ viajar en el autobús. *Atravesamos* 22_____ la calle para

esperarlo. Pasa a las ocho y nunca lo *perdemos* 23_____. Mientras *esperamos*

24_____, *contamos* 25_____ el dinero, porque se necesita el

cambio exacto. Al entrar en el autobús, *decimos* 26_____ "Buenos días",

porque *conocemos* 27_____ a muchas de las personas que van en él. El autobús

siempre viene muy lleno, y rara vez *podemos* 28_____ encontrar asiento.

Permanecemos 29_____ de pie todo el viaje. Generalmente, *traemos*

30_____ varios libros grandes y los *ponemos* 31_____ en el

piso, porque pesan mucho. A veces *encontramos* 32_____ a compañeros de

clase y *nos entretenemos* 33_____ conversando durante el viaje.

c. El regreso:

A las tres de la tarde, *volvemos* 34_____ en el mismo autobús. Si no *queremos*

35_____ regresar a casa inmediatamente y *resolvemos* 36_____

pasar un rato con los amigos, le *pedimos* 37_____ al chofer que pare en la Plaza

Libertad y *bajamos* 38_____ allí.

d. El fin de semana:

Bendecimos 39_____ el fin de semana porque al fin *podemos*

40_____ dormir y descansar. Lo *merecemos* 41_____. Los

sábados *hacemos* 42_____ un poco de trabajo en casa. *Limpiamos*

43_____ y *regamos* 44_____ las plantas. Por la noche, *nos*

divertimos 45_____, *salimos* 46_____ con amigos, *vamos*

47_____ al cine o a bailar. Los domingos por la mañana *permanecemos*

NOMBRE _____ FECHA _____ CLASE _____

48_____ en casa y *almorzamos* 49_____ tarde. *Parecemos*

50_____ vegetales, porque casi no *nos movemos* 51_____.

Recomendamos 52_____ a todos esta rutina de fin de semana, pero les

advertimos 53_____ que estudien también un poco, especialmente si tienen un

examen el lunes.

B. Ahora cambie estas mismas narraciones a la tercera persona del plural: **Los días de semana, Uds. . . .** (*You'll need to subsitute se for nos in reflexive verb constructions.*)

1. _____   19. _____   37. _____
2. _____   20. _____   38. _____
3. _____   21. _____   39. _____
4. _____   22. _____   40. _____
5. _____   23. _____   41. _____
6. _____   24. _____   42. _____
7. _____   25. _____   43. _____
8. _____   26. _____   44. _____
9. _____   27. _____   45. _____
10. _____   28. _____   46. _____
11. _____   29. _____   47. _____
12. _____   30. _____   48. _____
13. _____   31. _____   49. _____
14. _____   32. _____   50. _____
15. _____   33. _____   51. _____
16. _____   34. _____   52. _____
17. _____   35. _____   53. _____
18. _____   36. _____

Capítulo 1: Entre estudiantes

Vocabulario y expresión

A. Relaciones de espacio. Diga la situación o posición de la persona o el objeto en cada caso.

Modelo: la regla / el escritorio
 La regla está sobre el escritorio.

1. Alberto / el gato

2. la mesa / la habitación

3. los libros / la gaveta del escritorio

4. la mochila / la silla

5. la fotografía / la pared

6. el cesto de papeles / el escritorio

NOMBRE _____ FECHA _____ CLASE _____

7. la pelota / la silla

   _____

8. el gato / la cortina

   _____

9. la silla / la pared

   _____

10. Bebo / el librero (*bookcase*)

    _____

B. Conteste, basándose en la escena.

1. ¿Cómo entró la pelota en la habitación?

   _____

2. ¿Cómo está el gato?

   _____

3. ¿Qué objetos hay sobre el escritorio?

   _____

4. ¿Qué hace Alberto?

   _____

5. Basándose en la mano que usa, ¿cómo clasificaría Ud. a Alberto?

   _____

6. Basándose en las gafas, ¿cómo lo clasificaría Ud.?

   _____

7. ¿Cómo sabemos que a veces Alberto escribe con lápiz?

   _____

8. ¿En qué posición están . . .?

   a. Alberto _____ b. Miguelito _____

   c. Bebo _____

9. ¿Por qué está arrodillado Miguelito?

   _____

10. ¿Cómo tiene Bebo el brazo? ¿Por qué?

    _____

Capítulo 1: Entre estudiantes **9**

C. Identificaciones. Identifique cada palabra con su sinónimo o definición.

_____ 1. No tener razón.
_____ 2. Lo contrario de asistir a clase.
_____ 3. Persona graduada de una universidad.
_____ 4. Notas que toman los estudiantes en clase.
_____ 5. La usan los estudiantes sobre la ropa cuando van al laboratorio.
_____ 6. Profesor universitario.
_____ 7. Manera de escribir una persona.
_____ 8. Contento/a, entretenido/a.
_____ 9. Esquina interior de una habitación.
_____ 10. Quitar lo que está escrito en la pizarra.
_____ 11. Manera de decirle algo a una persona para que otros no oigan.
_____ 12. Lo que uso para sumar y multiplicar rápidamente.
_____ 13. Adorno que se lleva a veces en el pelo.
_____ 14. Grupo de pupitres uno al lado del otro.

a. al oído
b. apuntes
c. bata
d. borrar
e. calculadora
f. catedrático
g. cinta
h. cometer un error
i. divertido/a
j. faltar
k. fila
l. letra
m. licenciado/a
n. rincón

Gramática I

The definite article

A. Complete con **el** o **la** según corresponda. Haga contracciones si es necesario.

1. _____ anécdota que me cuentas la escuché en el almacén de Paco.

2. En _____ aula, _____ almanaque está al lado de _____ mapa de España.

3. _____ alcohol es _____ enemigo de _____ juventud.

4. Practicamos _____ acentuación en _____ clase de hoy.

5. Tengo _____ hábito de poner _____ llave de _____ habitación en _____ cajón de _____ escritorio.

6. Apruebo _____ decisión de _____ academia de cine de darle _____ Óscar a _____ actriz principal de _____ película.

NOMBRE _____ FECHA _____ CLASE _____

7. Cuando riego _____ planta de mi ventana, _____ gente protesta porque _____ agua cae en _____ acera.

8. _____ crisis de _____ país es producto de _____ revolución.

9. _____ programa es interesante por _____ pasión de _____ protagonista masculino y _____ drama de la situación.

10. _____ problema que tengo es que _____ tema de _____ composición es difícil.

B. Luis y María son hermanos y tienen características similares. Adapte a María la descripción de Luis.

1. Luis es un chico encantador y gentil, es optimista y simpático; es también inteligente y estudioso. Su único defecto es ser un poco dormilón.

   _____
   _____
   _____

2. Luis es español; es joven y guapo y delgado, aunque es miope.

   _____
   _____

C. Ud. está visitando España y en un almacén encuentra un turista que no sabe español. Ayúdelo traduciendo lo que dice.

1. It's Monday and there are so many people in the store! It seems that many people are on (**de**) vacation.

   _____
   _____
   _____

2. I want to buy clothes but I also need some gifts for my friends: two or three bars of fine soap, candy, and some jewelry.

   _____
   _____
   _____

Capítulo 1: Entre estudiantes **11**

3. I am going to buy some (a piece of) gift paper for my presents. The only problem is that I don't have scissors to cut it.

　

4. I also need advice to pack (**para empaquetar**) two pieces of antique furniture. Can I get some (a piece of) cardboard here?

　

Gramática II

A. Complete con la preposición **a** si es necesario.

Cosas que veo y oigo en el campus de la universidad:

1. Oigo _____ los pájaros que cantan.

2. Oigo _____ una chica que llama _____ su perro.

3. Oigo _____ señoras que conversan.

4. Veo _____ un señor que huele _____ las flores.

5. Veo _____ un guarda que riega _____ las plantas.

Cosas que veo y oigo en la clase:

1. Veo _____ un sacapuntas en la pared.

2. Veo _____ María que mira por la ventana y _____ Enrique que duerme.

3. Veo _____ mochilas en el suelo.

4. Oigo _____ el chisme que Azucena le cuenta a Eulalia.

5. Veo _____ la profesora Moquete que entra en el aula.

6. Oigo _____ la profesora Moquete que dice "Buenos días".

B. Raúl y Paula van a trabajar juntos en la clase de arte. Como Raúl tiene mala memoria, Paula comprueba si tiene todo el material que necesitan. Complete lo que dicen Raúl y Paula.

1. —¿Tenemos el lápiz azul? —Sí, aquí _____ tengo.

2. —¿Tenemos las tijeras? —Sí, _____ tengo yo.

3. —¿Dónde están los marcadores? —_____ tengo en mi mochila.

4. —Necesitamos una cartulina. —No te preocupes, yo _____ compré ayer.

5. —¿Dónde tienes tu carpeta? —_____ tengo en casa.

6. —¿Olvidaste los sacapuntas? —Sí, lo siento, _____ olvidé.

7. —¿Y la tinta? —_____ tengo en mi escritorio.

8. —Bueno, _____ tenemos casi todo. Para empezar, ¿te gusta este dibujo? —No, _____ detesto.

C. **¿Antes o después?** Ponga el pronombre de objeto directo en el lugar apropiado. Si ambos son posibles, indíquelo.

1. (los apuntes de clase) _____ estoy repasando _____.

2. (la pizarra) La profesora no _____ quiere borrar _____.

3. (el escritorio) Juan, _____ limpia _____, por favor.

4. (yo) No comprendo estos verbos; _____ ayuda _____, por favor.

5. (tú) Si no tienes el coche, _____ puedo llevar _____ a la escuela.

6. (nosotros) Si tienes tiempo, _____ llama _____.

7. (vosotros) _____ quiero ver _____ esta tarde.

8. (el cesto de los papeles) Juan, _____ trae _____, por favor.

9. (las compañeras) _____ conozco _____ a todas.

10. (las tizas) Clara, _____ guarda _____ en el cajón, por favor.

D. **Temas de conversación.** Conteste de manera afirmativa, usando **lo** en su respuesta.

Modelo: ¿Dijo la profesora que hay un examen mañana?
Sí, lo dijo.

Los exámenes:

1. ¿Estás seguro de que vas a aprobar el examen?

Capítulo 1: Entre estudiantes

2. En el examen, ¿lo contestaste todo bien?

3. ¿Son fáciles los exámenes de esa profesora?

4. La profesora no recuerda que mañana no hay clase. ¿Vas a decirlo tú?

Materiales escolares:

1. El libro, ¿estás decidido a comprarlo?

2. ¿No sabes que este libro es muy caro?

3. ¿Vas a preguntar el precio en la librería?

Los compañeros de clase:

1. ¿Es Pablo español?

2. Y Juan, el nuevo estudiante, ¿es puertorriqueño?

3. ¿Estás seguro?

Capítulo 2

Repaso previo

A. Forms of the preterite

Regular preterite endings	
-ar verbs	-é, -aste, -ó, -amos, -asteis, -aron
-er and -ir verbs	-í, -iste, -ió, -imos, -isteis, -ieron

Stem-changing verbs	
-ar and -er verbs	No stem changes in the preterite.
-ir verbs	Change e → i and o → u in the third-person singular and third-person plural.

sentir > sentí, sentiste, **sintió**, sentimos, sentisteis, **sintieron**

dormir > dormí, dormiste, **durmió**, dormimos, dormisteis, **durmieron**

Irregular verbs

Endings: -e, -iste, -o, -imos, -isteis, -(i)eron

1. Stems with -u-

poder	**pude**, pudiste, **pudo**, pudimos, pudisteis, pudieron
poner	**puse**, pusiste, **puso**, pusimos, pusisteis, pusieron
saber	**supe**, supiste, **supo**, supimos, supisteis, supieron

The preterite of **hay** (**haber**) is **hubo**.

2. Stems with **-uv-**	
andar (*to walk*)	**anduve**, anduviste, **anduvo**, anduvimos, anduvisteis, anduvieron
estar	**estuve**, estuviste, **estuvo**, estuvimos, estuvisteis, estuvieron
tener	**tuve**, tuviste, **tuvo**, tuvimos, tuvisteis, tuvieron
3. Stems with **-i-**	
hacer	**hice**, hiciste, **hizo**, hicimos, hicisteis, hicieron
querer	**quise**, quisiste, **quiso**, quisimos, quisisteis, quisieron
venir	**vine**, viniste, **vino**, vinimos, vinisteis, vivieron
4. Stems with **-j-**	
decir	**dije**, dijiste, **dijo**, dijimos, dijisteis, **dijeron**
conducir	**conduje**, condujiste, **condujo**, condujimos, condujisteis, **condujeron**
producir	**produje**, produjiste, **produjo**, produjimos, produjisteis, **produjeron**
traducir	**traduje**, tradujiste, **tradujo**, tradujimos, tradujisteis, **tradujeron**
traer	**traje**, trajiste, **trajo**, trajimos, trajisteis, **trajeron**

Other irregular verbs	
ser, ir	**fui, fuiste, fue, fuimos, fuisteis, fueron**
dar	**di**, diste, **dio, dimos**, disteis, **dieron**

Práctica previa

A. Diferentes finales. Dé diferentes finales para cada oración, cambiando al pretérito los infinitivos que se dan.

1. Como no tuve clase el sábado, yo . . .

   ir al supermercado _____

   poner todos los libros en orden _____

   dormir hasta tarde _____

   hacer muchos trabajos en casa _____

NOMBRE _____ FECHA _____ CLASE _____

2. Cecilia escribió una composición y yo . . .

   leerla en clase _____

   traerla a la escuela _____

   traducirla _____

   querer corregirla _____

   ponerla en el portafolio _____

3. Estuve enfermo ayer y mi amigo . . .

   no poder verme _____

   no saberlo _____

   no querer visitarme _____

   sentirlo _____

   no ir a mi casa _____

   traerme flores _____

4. El turista estaba perdido (*lost*) y Uds. . . .

   no poder orientarlo _____

   conducirlo al hotel _____

   traerlo a mi casa _____

   venir con él _____

   andar con él hasta el parque _____

5. Estudié los verbos irregulares, pero tú . . .

   no tener tiempo _____

   no saberlos en clase _____

   no poder aprenderlos _____

   no querer estudiar anoche _____

   decir que no podías estudiar _____

6. Ellos escribieron el diálogo y vosotros . . .

   producir la película _____

   traducirlo al español _____

Capítulo 2: La familia **17**

hacer las descripciones _____

no poder revisarlo _____

ser los críticos _____

7. Yo conduje el coche todo el viaje y ellos . . .

venir conmigo _____

dormir todo el tiempo _____

poner la gasolina _____

sentirlo mucho _____

tener que darme las gracias _____

B. Forms of the imperfect

Regular imperfect endings	
-ar verbs	-aba, -abas, -aba, -ábamos, -abais, -aban
-er and **-ir** verbs	-ía, -ías, -ía, -íamos, -íais, -ían
The imperfect of **hay** (**haber**) is **había**.	

Irregular verbs	
ir	iba, ibas, iba, íbamos, ibais, iban
ser	era, eras, era, éramos, erais, eran
ver	veía, veías, veía, veíamos, veíais, veían

Práctica previa

B. Recordando el pasado. Su amigo Pedro y usted evocan sus días en la escuela secundaria. Pedro tiene mala memoria y usted corrige sus errores si es necesario.

PEDRO: Juan era tu mejor amigo en esos años.

USTED: No, mis mejores amigos _____

NOMBRE _____ FECHA _____ CLASE _____

PEDRO: Todos los sábados yo iba al cine con Amalia.

USTED: No, tú _____

PEDRO: Siempre veíamos películas románticas.

USTED: No, Uds. _____

PEDRO: Tú y tus hermanos vivían en un apartamento.

USTED: No, nosotros _____

PEDRO: Tú siempre llegabas tarde a clase.

USTED: No, tú _____; yo _____

PEDRO: Todos los días íbamos a la cafetería.

USTED: No todos los días. A veces _____

PEDRO: Los dos faltábamos (*were absent*) mucho a clase.

USTED: Los dos no. Yo _____

PEDRO: Yo era muy feliz en la escuela secundaria y tú eras muy feliz también.

USTED: Es verdad. Los dos _____

Vocabulario y expresión

A. Crucigrama

Capítulo 2: La familia **19**

Horizontales

3. Mujer cuyo (*whose*) marido murió.
4. Pelo de la cara.
6. Manera de entretenerse un niño.
9. Marca oscura en la piel.
10. Madre de mi esposo.
11. Alguien que nace al mismo tiempo que su hermano.
12. Esposo.
14. Hijo de mi nieto.
15. Antónimo de **separado**.
16. Alguien que no está casado.

Verticales

1. Abuela de mi padre o madre.
2. Mujer con poderes (*powers*) mágicos en los cuentos de niños.
5. Persona sin pelo en la cabeza.
7. *Braids* en español.
8. Esposo de mi hermana.
13. Un niño con relación a sus padres. (*word spelled backwards*)

B. Complete con la palabra apropiada.

1. El hijo de mi hermano es mi _____
2. La madre de mi madre es mi _____
3. El marido de mi madre es mi _____
4. El esposo de mi hija es mi _____
5. La esposa de mi hermano es mi _____
6. El padre de mi esposa es mi _____
7. El hijo de mi hija es mi _____
8. El abuelo de mi padre es mi _____
9. La hija de mi tío es mi _____
10. La hermana de mi madre es mi _____

Del mundo hispánico (Chile)

Lea el anuncio y decida si las siguientes afirmaciones son ciertas (**C**) o falsas (**F**).

_____ 1. El perro habla en este anuncio.

_____ 2. El perro anuncia comida para perros.

_____ 3. Probablemente, el joven no tiene una persona mayor en su familia que le dé consejos.

_____ 4. En esta familia no hay comunicación entre padres e hijos.

_____ 5. El perro trabaja para la policía.

_____ 6. El anuncio es parte de una campaña anti-drogas.

NOMBRE _____ FECHA _____ CLASE _____

_____ 7. Si los padres hablan con los hijos, previenen problemas futuros.

_____ 8. Esta propaganda la hace el departamento de educación.

Su hijo me pidió un consejo.

Conversar es prevenir. Hable con su hijo Hoy.

Por una vida sin drogas
FUNDACION
PAZ CIUDADANA

Capítulo 2: La familia **21**

Gramática I

A. El cumpleaños de la abuela. Complete, decidiendo entre el pretérito y el imperfecto.

El cumpleaños de la abuela se (celebrar) 1_____ el diez de mayo. Cuando los hijos de doña Rosa (ser) 2_____ niños, las fiestas (ser) 3_____ más simples, porque (haber) 4_____ menos personas en la familia, pero a esta fiesta (venir) 5_____ mucha gente.

Luis (planear) 6_____ la fiesta y todo el mundo (aceptar) 7_____ su idea. Delia y Celia (invitar) 8_____ a un amigo que (tocar) 9_____ la guitarra y (cantar) 10_____ muy bien. Mientras este chico (cantar) 11_____, la abuela (recibir) 12_____ felicitaciones de los invitados. Fernando y su familia (llegar) 13_____ cuando Inés (encender) 14_____ las velas del pastel. Polito y Paloma (hacer) 15_____ un cartel grande y se lo (dar) 16_____ a su abuelita. Don Gerardo (conversar) 17_____ mucho tiempo con un amigo de la familia, pero como (estar) 18_____ bastante sordo, (tener) 19_____ mucha dificultad para comprender lo que el señor (decir) 20_____.

(Ser) 21_____ un cumpleaños magnífico, todo el mundo se (divertir) 22_____ mucho. En las tres horas que (durar) 23_____ la fiesta, los invitados (comer) 24_____ y (beber) 25_____ constantemente. Inclusive don Gerardo, que (tener) 26_____ más de ochenta años, (pasar) 27_____ un rato muy feliz.

B. La vida de Prudencia. La siguiente narración se refiere a este chiste. Cambie los infinitivos, decidiendo entre el imperfecto y el pretérito.

De niña, Prudencia (tomar) 1_____ clases de piano. Su maestra (ser) 2_____ muy estricta y (hacerla) 3_____ practicar varias horas todos los días.

NOMBRE _____ FECHA _____ CLASE _____

Su madre (pensar) 4_____ que una señorita fina (deber [*ought*])

5_____ bailar ballet y Prudencia (comenzar) 6_____ a tomar

también clases de baile.

    Un día que Prudencia (llegar) 7_____ tarde para la cena, sus padres

(ponerse [*became*]) 8_____ furiosos.

    Prudencia (casarse) 9_____ con su primer novio. (Ser)

10_____ una boda tradicional y bonita. Prudencia y su marido se (amar)

11_____ mucho. (Tener) 12_____ un hijo y (educarlo)

13_____ con disciplina.

Capítulo 2: La familia **23**

Cuando su esposo (cumplir) 14_____ cuarenta y cinco años, (decidir) 15_____ que (querer) 16_____ divertirse; con frecuencia (salir) 17_____ con amigos y (llegar) 18_____ muy tarde a casa.

A los sesenta, la vida del matrimonio (cambiar) 19_____. (Ser) 20_____ una vida aburrida, los esposos no (hablar) 21_____ mucho y el marido sólo (querer) 22_____ mirar el boxeo en la televisión.

Prudencia (ir) 23_____ a veces a un pequeño restaurante y (tomar) 24_____ café y (fumar) 25_____. El médico (prohibirle) 26_____ fumar, pero Prudencia (seguirlo) 27_____ haciendo porque se (sentir) 28_____ muy sola.

C. Los otros problemas de Prudencia. ¿Imperfecto o pretérito? Subraye la forma verbal correcta.

Cuando 1 (conocí/conocía) a Guillermo, no sabía que 2 (fue/era) un irresponsable. Lo 3 (supe/sabía) después que nos casamos.

En nuestra vida matrimonial 4 (hubo/había) problemas de dinero. Por ejemplo, cuando yo 5 (quise/quería) comprar algo y 6 (costó/costaba) mucho, no lo 7 (compré/compraba). Guillermo sí lo 8 (hizo/hacía), sin preocuparse de si 9 (tuvo/tenía) el dinero o no. En una ocasión, 10 (compró/compraba) un coche que le 11 (costó/costaba) más de 25.000 dólares. Yo le 12 (expliqué/explicaba) que no 13 (pudimos/podíamos) gastar tanto dinero, pero no 14 (quiso/quería) oírme. Esa vez 15 (hubo/había) una discusión violenta entre Guillermo y yo.

NOMBRE _____ FECHA _____ CLASE _____

Gramática II

Use of the definite and indefinite articles

A. Complete esta narración con el artículo definido si es necesario. Haga contracciones si se necesitan.

Juan López nació en 1_____ Salvador, aunque desde niño vive en 2_____ Florida. Es hijo adoptivo. A 3_____ señor Pedro López y a su esposa les gustaban mucho 4_____ niños, pero no podían tener 5_____ hijos, y decidieron adoptar a Juan. De pequeño, Juan fue un niño modelo: se iba temprano a 6_____ cama, nunca faltaba a 7_____ escuela y todos 8_____ domingos asistía a 9_____ iglesia. Pero, de mayor, su vida cambió cuando volvió de 10_____ guerra de 11_____ Vietnam. Perdió allí 12_____ ojo derecho y 13_____ pierna izquierda. En su casa había 14_____ problemas y 15_____ problemas lo llevaron a 16_____ alcohol. Buscaba 17_____ trabajo y no lo encontraba. Necesitaba 18_____ dinero para mantener 19_____ adicción a 20_____ alcohol y comenzó a robar. Ahora está en 21_____ cárcel, pero 22_____ doctor Salazar, su psiquiatra, dice que hay 23_____ esperanza para él, porque está recibiendo 24_____ terapia.

B. Profesiones y personalidades. A los siguientes personajes les gusta . . . Usando oraciones completas, diga la profesión o trabajo que tienen o van a tener. Cuidado: a veces se necesita el artículo indefinido y a veces no.

Modelo: A Polito le gusta el dinero y les vende cosas a sus amiguitos.
Polito va a ser comerciante.

Personalidad

1. A Celia le gusta mucho cantar.
   _____
   _____

2. De niña, Florinda era miembro del club de teatro de la escuela.
   _____
   _____

Profesión

actor/actriz
cantante
gran cocinero/a
ingeniero/a
médico/a famoso/a
veterinario/a
pintor/a excelente
buen/a traductor/a

Capítulo 2: La familia

3. De niño, Fernando estaba muy contento cuando le regalaban cuadernos para dibujar.

   _____

   _____

4. Florinda habla cuatro idiomas.

   _____

   _____

5. A Pura le encanta cocinar; a los doce años ya sabía preparar docenas de platos.

   _____

   _____

6. De niña, Inés curaba a sus muñecas y les daba medicinas.

   _____

   _____

7. Cuando iba a la playa, a Luis le gustaba construir pueblos y carreteras en la arena.

   _____

   _____

8. A Purita le gustan mucho los animales.

   _____

   _____

C. Complete con el artículo indefinido si es necesario.

Los García Sáenz viven en la calle Fresno número 1_____ mil doscientos, a (*a few*) 2_____ cuadras de la catedral. Pura, la madre, es 3_____ cocinera excelente. Pura nació en el Perú, pero es 4_____ ciudadana (*citizen*) de los Estados Unidos. Luis, el padre, es 5_____ mexicano. Cuando vivía en México era 6_____ militar y siempre llevaba 7_____ uniforme. Antes no tenía 8_____ bigote; ahora tiene 9_____ bigote bastante grande. Luis es 10_____ ingeniero. A los miembros de la familia García Sáenz les gustan los gatos

NOMBRE _____ FECHA _____ CLASE _____

y no se contentan con tener 11_____ gato, sino que tienen dos. Ellos no tienen

12_____ perro ahora; el perro que tenían se perdió porque no llevaba

13_____ collar y no quieren 14_____ otro perro.

Capítulo 2: La familia *27*

NOMBRE _____ FECHA _____ CLASE _____

Capítulo 3

Repaso previo

The present participle

Formation of the present participle	
Stem of **-ar** verbs + **-ando**:	**hablar > hablando**
Stem of **-er** and **-ir** verbs + **-iendo**:	**comer > comiendo; vivir > viviendo**

Present participle of stem-changing -ir verbs			
Verbs that change **e** to **i**			
corregir (*to correct*)	> corrigiendo	sentir (*to feel, to be sorry*)	> sintiendo
divertirse (*to enjoy oneself*)	> divirtiéndose	servir (*to serve*)	> sirviendo
pedir (*to ask for*)	> pidiendo	venir (*to come*)	> viniendo
repetir (*to repeat*)	> repitiendo	vestirse (*to get dressed*)	> vistiéndose
seguir (*to go on, continue*)	> siguiendo		
Verbs that change **o** to **u**			
dormir (*to sleep*)	> durmiendo	morir (*to die*)	> muriendo

Common verbs with irregular present participles			
caer (*to fall*)	> **cayendo**	huir (*to flee*)	> **huyendo**
construir (*to build, construct*)	> **construyendo**	oír (*to hear, listen*)	> **oyendo**
creer (*to believe*)	> **creyendo**	leer (*to read*)	> **leyendo**
decir (*to say, tell*)	> **diciendo**	poder (*to be able to*)	> **pudiendo**
destruir (*to destroy*)	> **destruyendo**	traer (*to bring*)	> **trayendo**

Práctica previa

A. El diario de José. Complete lo que José escribió en su diario, dando el gerundio de los infinitivos entre paréntesis.

Hoy comenzó a nevar a las cinco; ahora son las siete y la nieve continúa (caer) 1_____. Pablo, mi hermano más pequeño, no (poder) 2_____ salir por la nieve, decidió jugar con el dominó de nuestro padre y está (divertirse) 3_____ mucho (construir) 4_____ casas y (destruirlas) 5_____ luego. Mi madre está (leer) 6_____ el periódico en la sala y mi padre está (decirle) 7_____ a mi hermana Sisita que se lave las manos, pero ella no la oye porque está (dormir) 8_____ en el sofá. Mi hermana mayor dijo que estaba (sentir) 9_____ frío y ahora anda en su cuarto, (vestirse) 10_____ con ropa más abrigada (*warmer*). ¿Y yo? Me quedé en mi habitación, (oír) 11_____ música y (escribir) 12_____ en mi diario, pero como estoy (morirse) 13_____ de hambre y pronto se estará (servir) 14_____ la cena, me voy a comer.

B. Los consejos del profesor. Ahora haga lo mismo que en el ejercicio A para expresar los consejos que un profesor le da a un estudiante.

Víctor, te oí cuando estabas (decir) 1_____ que era imposible para ti aprender español. Pues, los problemas no se resuelven (huir) 2_____ de ellos sino (pedir) 3_____ ayuda a las personas que tienen más experiencia que nosotros. Te aseguro que aprenderías más (venir) 4_____ a todas las clases y (traer)

NOMBRE _____ FECHA _____ CLASE _____

5_____ siempre las tareas hechas. Puedes aumentar tu vocabulario (repetir)

6_____ muchas veces las palabras nuevas. Yo te voy a ayudar a mejorar tu

pronunciación (corregir) 7_____ tus errores. (Seguir) 8_____ mis

consejos, estoy seguro de que aprenderás.

Vocabulario y expresión

A. Gloria y Pepe se han casado. Sus familiares y amigos les regalaron diferentes muebles y objetos para el hogar. Nombre los objetos y explique su uso.

1. _____
2. _____
3. _____
4. _____
5. _____
6. _____
7. _____

Capítulo 3: La casa   **31**

8. _____

9. _____

10. _____

11. _____

12. _____

B. Acciones. Complete cada situación con el verbo y complemento directo apropiado.

Modelo: Mi sofá es de un color neutro y compré cojines de varios colores para _adornarlo_.

1. Las piezas del librero llegaron en una caja y yo tengo que _____.

2. El espejo es pesado y un amigo me ayuda a _____.

3. Dame un martillo. Aquí tengo un clavo y voy a _____ en la pared.

4. La mesa del comedor era enorme. No pasaba por la puerta y tuvimos que

   _____.

5. La alfombra está todavía enrollada. Tenemos que _____.

6. Si quiero encender la lámpara, primero tengo que _____.

7. Todavía hay varios cuadros en el suelo. Necesito _____.

8. Las copas, tazas y platos están sobre la mesa del comedor. Vamos a

   _____ en la vitrina.

NOMBRE _____ FECHA _____ CLASE _____

C. ¡Hola! Me llamo Pepe y quiero que conozcas mi nueva casa. Mirando el dibujo completa mi descripción.

1. Al lado de mi cama tengo una _____ y al otro lado un _____ para guardar mi ropa.

2. La cama está sin hacer. Sobre el _____ hay una y unas _____.

3. En la sala, las cortinas están todavía sobre el _____, pero la _____ para colgarlas ya está lista.

4. Rodolfo desenrolla una bonita alfombra con _____ en los bordes; Hugo lleva una mesa de forma _____.

5. En el suelo del comedor, todavía hay tres _____ con cosas. Junto a ellas hay un _____ que voy a poner con flores en la mesa.

6. Frente a la puerta del comedor hay un _____ con solo un _____ dentro. Al fondo del comedor, al lado de la _____, tengo una _____ de cerámica con una _____ que me regaló Gloria el día de San Valentín.

Modismos: *Frases que se oyen un día de mudanza*

D. Complete los espacios en blanco usando los verbos **mover**, **moverse** o **mudarse** según crea adecuado.

1. Desde que _____ de casa, tenemos más espacio para colocar los muebles.

2. No voy a _____ el librero de donde está.

3. Estas persianas son viejas. Las compramos cuando _____ a la casa anterior.

4. Debemos _____ la mesita de noche de ahí; no tenemos sitio para poner la cama.

5. Cuando cayó por las escaleras, no podía ni _____. Y una semana después, todavía no podía _____ un brazo.

Capítulo 3: La casa *33*

6. Si vienen tus padres a vivir aquí, vamos a tener que _____ a un apartamento más grande.

7. Tienes que _____ la cómoda a esa esquina si quieres poner una planta.

8. Si te _____ el sábado, lo siento. Voy a estar ocupado y no pienso _____ un dedo para ayudarte.

9. Trabajé tanto _____ muebles que me duele todo el cuerpo. No puedo _____.

10. Alguien dijo que _____ tres veces es equivalente a tener un fuego en casa.

Del mundo hispánico (Uruguay)

tapicería
　upholstery

moquetas
　wall-to-wall carpeting

diseño
　design

de contado
　cash

empapelar
　to hang paper

plazos
　installments

PARA QUE VIVA SU CASA

CASAVIVA tiene todo lo necesario en la decoración:
telas para cortinas, papeles pintados,
telas para tapicería, alfombras y moquetas.
Con diseños exclusivos, nacionales e importados.
Con el mejor precio de contado
y ahora también CREDIPLAN.
Si es necesario alfombrar, cambiar las cortinas,
o empapelar el living para que viva su casa
el CREDIPLAN de CASAVIVA lo hace posible:

LAS CUOTAS Y LOS PLAZOS LOS FIJA USTED!!

Venga, conozca el CREDIPLAN de CASAVIVA,
y después nos cuenta.

CrediPLAN
Casaviva

* **CENTRO**
　18 de Julio 1227
* **GAUCHO**
　18 de Julio 1468
* **CONSTITUYENTE**
　Constituyente 2023
* **CARRASCO**
　Avda. Arocena 1576
* **PTA. DEL ESTE**
　Avda. Salto Grande y Parada 4

E. Imagínese que Ud. es empleado/a de "Casaviva". Conteste estas preguntas que le hace un posible cliente.

1. —¿Qué cosas puedo encontrar aquí para decorar mi casa?

_____

Capítulo 3: La casa　*35*

2. —Y las alfombras, ¿tienen solamente diseños nacionales?

_____

3. —Acabo de casarme y no tengo mucho dinero. ¿Ofrecen algún plan de crédito?

_____

4. —¿Cómo se fijan las cuotas y los plazos?

_____

5. —¿Tienen Uds. tiendas en otros barrios?

_____

6. —¿Cómo se llama la tienda que está en la Avenida Arocena número 1576?

_____

Gramática I

A. Hablando del nuevo apartamento. Complete con la forma apropiada de **ser** o **estar**.

1. No (*pret.*) _____ yo quien decidió alquilar este apartamento; _____ Gloria.

2. El edificio donde _____ el apartamento _____ antiguo; _____ construido en 1950. Sin embargo, _____ en buenas condiciones.

3. El señor que nos alquiló el apartamento _____ el administrador. Nos dijo que el dueño del edificio no _____ venezolano y que ahora _____ de vacaciones en su país. Pero el contrato (*pret.*) _____ preparado por el dueño, que _____ abogado.

4. El dueño quiere el pago del alquiler en dólares. ¿A cómo _____ ahora el bolívar?

5. ¿Qué día (*pret.*) _____ la mudanza? _____ el sábado pasado. _____ verdad que una mudanza _____ difícil. _____ las ocho de la noche cuando terminamos.

6. La cama _____ entre el armario y la mesa de noche.

7. La vitrina _____ de madera, pero la mesa del comedor _____ de plástico.

8. El sofá de la sala _____ importado de la Argentina y los cubiertos de plata _____ de México.

9. ¿Dónde _____ la almohada de mi cama? No la encuentro.

10. ¿De quién _____ esos libros? _____ de Pepe y ese librero _____ para ponerlos.

11. Tengo que limpiar. Los muebles _____ llenos de polvo (*dust*).

B. Una fiesta. Gloria y Pepe dan una fiesta para inaugurar su nueva casa. Complete las conversaciones de los invitados, subrayando la forma correcta del verbo.

1. (Ser/Estar) feliz (es/está) difícil en estos días, pero (es/está) evidente que Gloria y Pepe (son/están) felices.

2. La boda (fue/estuvo) en la iglesia, porque Gloria (es/está) católica, pero Pepe no (es/está) religioso.

3. Cuando llamé a Julián, (era/estaba) ocupado y no (era/estaba) listo para venir a la fiesta.

4. —(Eres/Estás) pálido. ¿Te sientes bien o (eres/estás) malo?
   —(Soy/Estoy) bien, pero (soy/estoy) aburrido. ¡Vámonos!

5. (Es/Está) normal que te quieras ir. Todos (son/están) fumando. Pero yo no (soy/estoy) alérgico al cigarro como tú y (soy/estoy) contento de haber venido.

6. Dolores (es/está) una chica muy lista, (es/está) preparada para resolver cualquier problema.

7. El novio de Dolores (es/está) un hombre muy gordo. Ella antes (era/estaba) gorda, pero ahora (es/está) a dieta y (es/está) delgada.

8. El padre de Pepe (es/está) mecánico pero ya (es/está) retirado.

9. Yolanda (es/está) una persona alegre, pero hoy (es/está) triste.

10. En el centro de la mesa hay una bandeja con frutas, pero (son/están) verdes.

11. Quiero hielo. Este refresco (es/está) caliente.

Gramática II

Progressive tenses

A. Forme tiempos progresivos usando el auxiliar que se da en cada caso en el mismo tiempo verbal del verbo de la oración.

Modelo: Pepe *coloca* las sábanas en los cajones de la cómoda. (ir)
Pepe va *colocando* las sábanas en los cajones de la cómoda.

1. Rodolfo *cargó* la alfombra nueva. (entrar)

2. El sobrino de Yolanda *corría* y se cayó. (venir)

3. El pobre niño *lloró* mucho rato. (estar)

4. Pepe *leía* los nombres y direcciones de los amigos y Gloria los *escribía* en las invitaciones. (ir)

5. Aunque todos estábamos cansados, *pusimos* todos los muebles en su lugar. (seguir)

6. Joaquín *dice* que Gloria y Pepe se *divorcian*. (andar) (estar)

B. Modismos con *tener*. ¿Qué tienen? Describa los dibujos usando una oración con **tener** + *nombre*.

38 Mundo unido: Cuaderno de actividades

NOMBRE _____ FECHA _____ CLASE _____

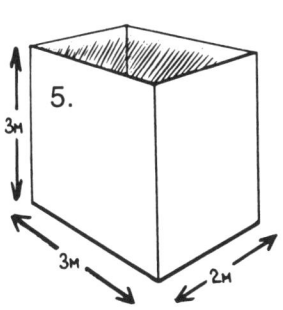

1. _____
2. _____
3. _____
4. _____
5. _____
6. _____
7. _____
8. _____

C. Necesito un/a intérprete. Traduzca usando **tener** + *nombre* cada vez que sea posible.

1. You are right. I am not very patient.

2. The vase got broken (**se rompió**), but it was not my fault. I knew it was delicate and I was very careful with it.

3. I am in a hurry. I am afraid to miss (**de perder**) the train.

4. My grandmother is ninety years old and she is still alive. She is lucky.

Capítulo 3: La casa *39*

5. My bedroom is more than eight meters long but it's only three meters wide.

_____

_____

Capítulo 4

Repaso previo

A. The present subjunctive

1. In the present subjunctive, **-ar** verbs have the same endings as **-er** verbs in the present indicative. **-Er** and **-ir** verbs have the present indicative endings of **-ar** verbs.

hablar	hab**le**, hab**les**, hab**le**, habl**emos**, habl**éis**, hab**len**
comer	com**a**, com**as**, com**a**, com**amos**, com**áis**, com**an**
vivir	viv**a**, viv**as**, viv**a**, viv**amos**, viv**áis**, viv**an**

2. The present subjunctive of most irregular verbs is formed by dropping the **-o** of the present indicative **yo** form and adding the subjunctive ending of the corresponding conjugation to the stem.

decir	dig⌀	**diga, digas,** diga, digamos, digáis, digan
disminuir	disminuy⌀	**disminuya, disminuyas,** disminuya, disminuyamos, disminuyáis, disminuyan
hacer	hag⌀	**haga, hagas,** haga, hagamos, hagáis, hagan
oír	oig⌀	**oiga, oigas,** oiga, oigamos, oigáis, oigan
poner	pong⌀	**ponga, pongas,** ponga, pongamos, pongáis, pongan
salir	salg⌀	**salga, salgas,** salga, salgamos, salgáis, salgan
tener	teng⌀	**tenga, tengas,** tenga, tengamos, tengáis, tengan
traer	traig⌀	**traiga, traigas,** traiga, traigamos, traigáis, traigan
venir	veng⌀	**venga, vengas,** venga, vengamos, vengáis, vengan
ver	ve⌀	**vea, veas,** vea, veamos, veáis, vean

3. A few verbs do not get their stems from the **yo**-form.

estar	esté, estés, esté, estemos, estéis, estén
haber	haya, hayas, haya, hayamos, hayáis, hayan
ir	vaya, vayas, vaya, vayamos, vayáis, vayan
saber	sepa, sepas, sepa, sepamos, sepáis, sepan
ser	sea, seas, sea, seamos, seáis, sean

4. The changes in the present subjunctive of stem-changing **-ar** and **-er** verbs are the same as in the indicative.

cerrar	**cierre, cierres, cierre,** cerremos, cerréis, **cierren**
pensar	**piense, pienses, piense,** pensemos, penséis, **piensen**
perder	**pierda, pierdas, pierda,** perdamos, perdáis, **pierdan**
volver	**vuelva, vuelvas, vuelva,** volvamos, volváis, **vuelvan**

Moreover, **-ir** stem-changing verbs make an additional change in the **nosotros-** and **vosotros-**forms: the unstressed **o** of their stem becomes **u** and the unstressed **e** becomes **i**.

dormir	duerma, duermas, duerma, d**u**rmamos, d**u**rmáis, duerman
repetir	repita, repitas, repita, rep**i**tamos, rep**i**táis, repitan
sentir	sienta, sientas, sienta, s**i**ntamos, s**i**ntáis, sientan

B. The imperfect subjunctive

1. The imperfect subjunctive of both regular and irregular verbs is based on the third-person plural of the preterite tense. The ending **-ron** of the preterite is dropped, and either one of the two sets of endings is added.

-ra, -ras, -ra, -ramos, -rais, -ran

-se, -ses, -se, -semos, -seis, -sen

In Spanish America the **-ra** form is preferred, while in Spain the **-se** form is heard more often.

2. In **-ir** stem-changing verbs, the change in the third-person plural of the preterite is kept in all persons of the imperfect subjunctive.

durmieron	durmiera, durmieras, durmiera, durmiéramos, durmiérais, durmieran
repitieron	repitiera, repitieras, repitiera, repitiéramos, repitiérais, repitieran
sintieron	sintiera, sintieras, sintiera, sintiéramos, sintiérais, sintieran

Práctica previa

A. Adolfo tiene diecisiete años y va a estudiar en una universidad que está en otra ciudad. Su madre, que lo protege mucho, le pide varias cosas. Exprésalas, usando el presente de subjuntivo.

Hijo mío, quiero que tú . . .

1. *ser* bueno _____
2. *no beber* alcohol _____
3. *dormir* ocho horas todas las noches _____
4. *no salir* con chicos malos _____
5. *no perder* el tiempo _____
6. *poner* atención en las clases y *oír* a los profesores _____
   _____
7. *hacer* siempre las tareas _____
8. *ir* a la iglesia los domingos _____
9. *venir* a casa en las vacaciones _____

B. Un amigo de Adolfo, hablando con él, le recuerda las peticiones de su madre. Repita Ud. lo que dijo el amigo usando las frases del ejercicio A.

Adolfo, recuerda, tu madre quiere que tú . . .

1. _____
2. _____
3. _____
4. _____
5. _____
6. _____

Capítulo 4: Vida doméstica

7. _____
8. _____
9. _____

C. El amigo de Adolfo, hablando con otro amigo, le cuenta sobre Adolfo y su madre, esta vez con una narración en el pasado. Complete la narración del amigo, usando esta vez el imperfecto de subjuntivo.

La madre de Adolfo quería que él . . .

1. _____
2. _____
3. _____
4. _____
5. _____
6. _____
7. _____
8. _____
9. _____

D. Ud. y su amigo están enfermos con los mismos síntomas y van a la médica. ¿Qué les dice ella? Use la forma de **nosotros**.

La doctora nos dice que . . .

1. *seguir* sus instrucciones exactamente _____
2. *estar* en la cama dos o tres días _____
3. *repetir* la dosis de la medicina _____
4. no *salir* a la calle _____
5. *ver* a un especialista _____
6. espera que *sentirnos* mejor _____

E. Su refrigerador no funcionaba ayer y Ud. llamó a un mecánico. ¿Qué le aconsejó él?

El mecánico me aconsejó que . . .

NOMBRE _____ FECHA _____ CLASE _____

1. *cerrar* bien la puerta del refrigerador _____
2. *no volver* a abrirla hasta mañana _____
3. *no poner* comida caliente en el refrigerador _____
4. *tener* cuidado con el termostato _____
5. *evitar* que *haber* mucho hielo en el refrigerador _____

Vocabulario y expresión

A. Equipo culinario. Ponga el número del objeto junto a su uso en la cocina.

abrir una lata _____
revolver la sopa _____
cocinar la carne _____
freír las papas _____
hacer tostadas _____
medir el azúcar _____
mezclar los ingredientes _____

B. Crucigrama.

Capítulo 4: Vida doméstica **45**

Horizontales

1. Lo uso para abrir una lata.
5. La necesito para freír huevos.
6. Mango de forma curva que tienen las tazas. (Pl.)
8. Otra palabra para **bañera**.
10. Líquido que pongo en la lavadora al final de un ciclo.
12. Horno muy rápido.
14. Mandato formal del verbo **enjuagar**.
15. Usé muchas para el piso de mi cocina.
16. Lo uso para limpiar el piso de la cocina y el baño.
17. Pieza que hay en el baño para lavarse la cara y las manos.

Verticales

2. Donde guardo las medicinas.
3. La pongo en el toallero.
4. La uso para limpiar la alfombra.
7. Polvo que echo en las cosas para restregarlas.
9. La necesito para coger una olla caliente.
11. Lo contrario de **aprovechar** o usar bien.
13. Material que hay en la pared de los baños.

C. Los trabajos de la casa. Complete cada oración con la acción más apropiada.

Modelo: _Riego_ las plantas con una manguera.

1. _____ la cocina con una escoba.
2. _____ las camisas con una plancha.
3. _____ las ollas que están muy sucias con limpiador.
4. _____ los platos antes de ponerlos en el lavaplatos.
5. _____ de los muebles con un trapo y líquido anti-polvo.
6. _____ un pastel en el horno.
7. _____ las sábanas en la secadora y después las _____.
8. _____ para limpiar la alfombra.
9. _____ los papeles que cayeron al suelo y los pongo en el cubo de la basura.
10. _____ con agua y jabón la ropa muy sucia antes de ponerla en la lavadora.

Gramática I

A. Formal Commands

A. ¡Haga todo esto! Complete con un mandato y repítalo, reemplazando el nombre con un pronombre. Haga después negativo el mandato.

Modelo: Cerrar la puerta principal.
Cierre la puerta principal. → Ciérrela. → No la cierre.

NOMBRE _____ FECHA _____ CLASE _____

1. Regar los árboles del jardín. _____
   _____

2. Trapear el baño. _____
   _____

3. Cerrar bien las llaves del fregadero. _____
   _____

4. Sacar la basura. _____
   _____

5. Recoger la ropa que está en la cama. _____
   _____

6. Apagar el televisor. _____
   _____

7. Desconectar el refrigerador. _____
   _____

8. Medir la harina y el azúcar. _____
   _____

9. Revolver el arroz. _____
   _____

10. Encender los focos. _____
    _____

B. Indirect-object pronouns

B. Problemas de la vida diaria. Llene los espacios en blanco con el pronombre apropiado.

1. —(*to me*) Dices que _____ mandaste una invitación para tu boda, pero no la recibí.

   —(*to me/to us*) No _____ des más excusas. No viniste para desear _____ una vida feliz.

Capítulo 4: Vida doméstica **47**

—(*to you/to us*) ¿Cómo _____ puedo decir que no es una excusa? José y yo nos mudamos a otro apartamento en junio y la dueña no _____ mandó la correspondencia.

2. (*for them*) Generalmente, cuando mi hermana y su esposo salen por la noche, yo _____ cuido a Paquito y Adela, mis dos sobrinos.

(*to her/for him/ for them*) Yo _____ explico a Adela los programas de televisión, _____ pongo pasta de dientes a Paquito en su cepillo y _____ leo a los dos un cuento antes de llevarlos a la cama.

C. Ya lo hice todo. El señor Beltrán está enfermo y lo/la ha contratado a usted para que cuide su casa durante su enfermedad. Conteste afirmativamente a sus preguntas, indicando que usted sí hizo su trabajo.

Modelo: ¿Le diste la comida al perro?
Sí, se la di.

1. ¿Les quitaste el polvo a los muebles?

2. ¿Me lavaste las camisas?

3. ¿Les pasaste la aspiradora a las alfombras?

4. ¿Le apagaste el televisor al abuelo?

5. ¿Le cambiaste los dos bombillos a la lámpara?

6. ¿Le pusiste café a la cafetera?

7. ¿Le llenaste el tanque de gasolina al coche?

8. ¿Les abriste dos latas de comida a los gatos?

9. ¿Le sacaste el humo a la cocina con la campana extractora?

10. ¿Les echaste insecticida a las cucarachas?

D. Arturo es un buen chico y siempre ayuda a su familia. Exprese con pronombres lo que dice la madre de Arturo. Si es posible, ponga los pronombres en dos posiciones.

Modelo: (*For me*) Arturo va a sacar la basura.
<u>Arturo me la va a sacar. →Arturo va a sacármela.</u>

1. (*For her*) Él le carga los paquetes a la abuela.

2. (*For him*) Él le lava el coche a su padre.

3. (*For me*) Arturo siempre quiere fregar los platos.

4. (*For us*) Arturo va a buscar la leche para el desayuno.

5. (*For them*) Arturo siempre les explica la tarea del colegio a sus hermanos.

6. (*For me*) Mi hijo va a preparar los postres para la cena.

7. (*For us*) Después de la cena, Arturo va a cantar una canción.

8. (*For you*) ¿No te hace también favores Arturo alguna vez?

Gramática II

The subjunctive with expressions of will or wishing

A. Una persona mandona (*bossy*). El dueño del edificio donde Ud. vive es una persona muy mandona. Sus órdenes y prohibiciones se dan en el infinitivo. Expréselas en el subjuntivo.

Modelo: Me prohibió estacionar el coche frente al garaje.
<u>Me prohibió que estacionara el coche frente al garaje.</u>

Capítulo 4: Vida doméstica

1. Me manda barrer la acera todos los días.

   _____

2. Os impidió lavar la ropa en la lavadora del edificio.

   _____

3. Me impidió encender la luz del pasillo.

   _____

4. Nos mandó apagar el televisor, porque era tarde.

   _____

5. Les prohibe a todos fumar en el edificio.

   _____

6. No les permite a mis amigos dar fiestas.

   _____

7. Os prohibe tocar el termostato.

   _____

8. Le ordenó a Enrique sacar su coche del garaje.

   _____

9. Te manda siempre regar las plantas del jardín.

   _____

10. No les permitió a mis vecinos comer en el patio.

    _____

B. La familia Miquis trabaja en casa y la madre dirige el trabajo. Escriba lo que pide la madre.

1. Arturo, quiero que tú (pasarle la aspiradora) al dormitorio.

   _____

2. Azucena, y Luisito, necesito que Uds. (limpiar el polvo) de los muebles de la sala.

   _____

3. José, deseo que (barrer) la cocina y después (trapearla).

   _____

4. Arturo, insisto en que tú (sacar) ahora la basura.

   _____

NOMBRE _____ FECHA _____ CLASE _____

5. Arturo, quiero que también (recoger) la basura que cayó al suelo.

   _____

6. Luisito, necesito que (sacar) la ropa de la lavadora.

   _____

7. Azucena, sugiero que tú y yo (preparar) ahora los postres para la cena.

   _____

8. Mamá, te recomiendo que tú (planchar) las camisas ahora.

   _____

Capítulo 4: Vida doméstica *51*

Capítulo 5

Repaso previo

Verbs with spelling changes

Verbs ending in	Change before *e*	First-person singular preterite	All persons present subjunctive
-car	**c** to **qu**	**busqué**, buscaste, etc.	**busque, busques, busque, busquemos, busquéis, busquen**
-gar	**g** to **gu**	**llegué**, llegaste, etc.	**llegue, llegues**, etc.
-guar	**gu** to **gü**	**averigüé**, averiguaste, etc.	**averigüe, averigües**, etc.
-zar	**z** to **c**	**crucé**, cruzaste, etc.	**cruce, cruces**, etc.

Like **buscar**: acercar, aplicar, atacar, colocar, comunicar, dedicar, equivocarse, explicar, indicar, pescar, sacar, tocar

Like **llegar**: apagar, cargar, castigar, colgar*, entregar, jugar*, navegar, negar*, obligar, pagar, pegar, regar*, rogar*

Like **cruzar**: abrazar, alcanzar, almorzar*, avanzar, comenzar*, empezar*, forzar*, gozar, rezar

*Note that these verbs are also stem-changing: **cue**lgue, **nie**gue, etc.

Verbs ending in	Change between vowels	Forms	Model verb
-eer	unstressed **i** to **y**	Third-person singular and plural of the preterite	leí, leíste, **levó**, leímos, leísteis, **leyeron**
		All persons of imperfect subjunctive	**leyera, leyeras, leyera**, etc.
		Present participle	**leyendo**

Like **leer**: creer, poseer

Verbs ending in	Change between vowels	Forms	Model verb
-uir (except -**guir**)	unstressed **i** to **y**	Present indicative except first- and second-persons plural	**destruyo, destruyes, destruye,** destruimos, destruís, **destruyen**
		Third-person singular and plural of the preterite	**destruyó, destruyeron**
		All present and imperfect subjunctive	**destruya, destruyas, destruya,** etc. **destruyera (ese), destruyeras,** etc.
		Commands except the **vosotros** form	**destruye** tú, **destruya** Ud., **destruyan** Uds.
		Present participle	**destruyendo**

Like **destruir**: atribuir, concluir, construir, contribuir, disminuir, distribuir, excluir, incluir, influir, instruir, sustituir

Verbs ending in	Change before *a* and *o*	First-person singular of present indicative	All persons of present subjunctive
-ger, -gir	g to j	**cojo**, coges, coge, etc.	**coja, cojas, coja, cojamos, cojáis, cojan**

NOMBRE _____ FECHA _____ CLASE _____

-guir	gu to g	sigo*, sigues*, sigue*, etc.	siga*, sigas*, siga*, etc
consonant + **cer**, consonant + **cir**	c to z	**convenzo**, convences, etc.	**convenza, convenzas, convenza**, etc.
vowel + **cer** vowel + **cir**	c to zc	**conozco**, conoces, etc.	**conozca, conozcas**, etc.

Like **coger**: dirigir, escoger, exigir, proteger, recoger, corregir*

Like **seguir**: conseguir*, distinguir, perseguir*

Like **convencer**: ejercer, torcer*, vencer, fruncir

Like **conocer**: agradecer, aparecer, conducir, crecer, desaparecer, establecer, nacer, obedecer, ofrecer, parecer, permanecer, pertenecer, producir, reconocer, traducir

*Note that these verbs are also stem-changing: **consigo, persigo, tuerzo**

Práctica previa

A. Un viaje reciente. Complete, cambiando el infinitivo que hay en cada frase a la forma que se indica.

a. Pretérito:

¿Por qué hice este viaje? Fue por mi amiga Rosario. Ella (leer) 1_____ un anuncio de la excursión en el periódico, (creer) 2_____ que yo necesitaba unas vacaciones, (incluirme) 3_____ en sus planes de viaje, e (influir) 4_____ en mí. También (contribuir) 5_____ con una cantidad para los gastos.

b. Pretérito:

El día que salimos, yo (almorzar) 1_____ temprano, (abrazar) 2_____ a mi madre y le rogué a un amigo que me llevara al aeropuerto. (Cargar) 3_____ yo misma la maleta en el aeropuerto. (Forzarme) 4_____ a ser valiente y (negar) 5_____ que les tengo miedo a los aviones. (No gozar) 6_____ mucho del vuelo y (rezar) 7_____ en el avión, porque sí tenía miedo.

Capítulo 5: La ciudad **55**

c. Presente de subjuntivo:

¡Ya estamos en la habitación del hotel! Mi amiga Rosario me pide que (colgar) 1_____ la ropa en el closet, (torcer) (*wring*) 2_____ una toalla que está muy mojada (*wet*), que (apagar) 3_____ la luz al salir, que (comunicarme) 4_____ por teléfono con mi madre y (entregar) 5_____ la llave en la recepción del hotel. También quiere que yo (averiguar) 6_____ a qué hora sale la excursión mañana, que (pagar) 7_____ los boletos para la excursión, (exigir) 8_____ un recibo de pago y (ofrecerle) 9_____ una propina al guía.

d. Presente de subjuntivo:

Son las ocho de la mañana y estamos en el autobús. El guía nos pide que (obedecer) 1_____ sus instrucciones, que (pegar) 2_____ una etiqueta con el nombre en la maleta, que (colocar) 3_____ las bolsas en el piso, que (entregarle) 4_____ al chofer los boletos y (bajar) 5_____ despacio del autobús cuando (llegar) 6_____. También nos dice que (no tocar) 7_____ los objetos en el museo, que (no sacar) 8_____ fotografías sin permiso, que (conducirnos) 9_____ discretamente, que (seguirlo) 10_____ todo el tiempo, que (cruzar) 11_____ la calle con precaución y que (no equivocarnos) 12_____ de autobús al regreso.

e. Presente de subjuntivo:

Yo le pido al guía que (explicar) 1_____ la historia de todos los monumentos, que (permanecer) 2_____ con nosotros, que (avanzar) 3_____ más despacio, que (dedicar) 4_____ más tiempo a los museos, que (acercarse) 5_____ más al micrófono, que (traducir) 6_____ lo que dicen los nativos y que (buscar) 7_____ un muchacho que (cargar) 8_____ mis paquetes.

NOMBRE _____ FECHA _____ CLASE _____

f. Presente de indicativo:

En el mercado, quiero comprar unas piezas de cerámica. ¿Cuál compraré? El vendedor comenta que yo (ofrecer) 1_____ muy poco dinero, (escoger) 2_____ las mejores piezas, (parecer) 3_____ experta en arte y (conocer) 4_____ algo bueno apenas lo veo.

g. Presente de subjuntivo:

Él me sugiere que (conseguir) 1_____ dinero del país, (comenzar) 2_____ una colección de arte nativo, (comprar) 3_____ varios regalos y (distribuirlos) 4_____ entre mis amigos. Me dice que (instruir) 5_____ a mis compañeros de viaje sobre cerámica, que (recoger) 6_____ el paquete antes de irme y que (proteger) 7_____ bien mi paquete cuando haga la maleta.

B. Este párrafo está en tercera persona porque se refiere a Rosario. Cámbielo a la primera persona para referirse a la narradora.

Mi amiga Rosario *pertenece* (Yo 1_____) al grupo de personas que pueden llamarse persistentes porque, cuando no *consigue* (2_____) que alguien haga lo que *quiere* (3_____), *sigue* (4_____) insistiendo hasta que lo *convence* (5_____). Casi siempre *vence* (6_____) los obstáculos y *merece* (7_____) aplausos por tanta constancia. Pero *reconoce* (8_____) que también *tiene* (9_____) defectos. Un defecto serio es que frecuentemente *ofrece* (10_____) cosas que no *puede* (11_____) dar.

Vocabulario y expresión

A. Crucigrama.

Horizontales

6. La mayoría de las iglesias tienen esto en la torre.
7. Tela de colores que protege los edificios del sol.
8. Donde me siento en el parque.
12. Hombre que pide dinero en la calle.
13. Pasar al lado contrario de la calle.
16. El descubridor del Nuevo Mundo.
17. Foto de tamaño más grande que el original.
18. Abreviatura de "motocicleta".
20. Símbolo que indica la dirección del tráfico.

Verticales

1. Vehículo de motor más grande que un auto.
2. Adorno de metal que llevo al cuello.
3. Persona que camina por la calle.
4. Pájaro que abunda en los parques.
5. Lo que lleva un motociclista para protección en la cabeza.
6. Asiento movible para entretener a los niños en los parques.
8. Tela (*fabric*) de colores que es símbolo de un país.
9. Aparato con luces que controla el tráfico.
10. Acción de un vehículo que mueve otro.
11. Donde echo las cartas.
14. Donde están las flores en parques y jardines.
15. Donde está el teléfono en la calle.
19. Lo que beben muchas personas en las confiterías.

58 Mundo unido: Cuaderno de actividades

NOMBRE _____ FECHA _____ CLASE _____

B. Conociendo mi barrio. Mire la escena en la página 60 y complete la descripción.

a. Frente a la joyería, una señora habla por teléfono en una 1_____. Entre ésta y un 2_____ hay un 3_____.

b. El hotel Prado tiene en el frente un 4_____ con su nombre y una 5_____ grande. Al lado del hotel, hay un 6_____ que vende revistas y periódicos.

c. Un camión 7_____ a un coche que tuvo un accidente. Cerca de la 8_____ de autobuses, hay un coche estacionado. Un policía va a ponerle una 9_____.

d. Las 10_____ indican la dirección del tráfico. Un autobús dobla a la derecha porque el 11_____ está en verde.

e. El café al 12_____ se llama "Royal". El café tiene dos 13_____ y también un 14_____ para proteger a los clientes del sol.

d. El parque de mi barrio es muy tranquilo. Allí dos niños se divierten en los 15_____ mientras su madre y su tía conversan sentadas en un 16_____. Una mendiga pide 17_____ y otra mujer 18_____ a su bebé en un 19_____. En medio del parque hay una 20_____ que echa mucha agua. Siempre hay personas que les dan de comer a las 21_____.

e. Desde el parque se oye la 22_____ de la iglesia de San Marcos. La iglesia tiene una 23_____ arriba, en el techo.

Capítulo 5: La ciudad **59**

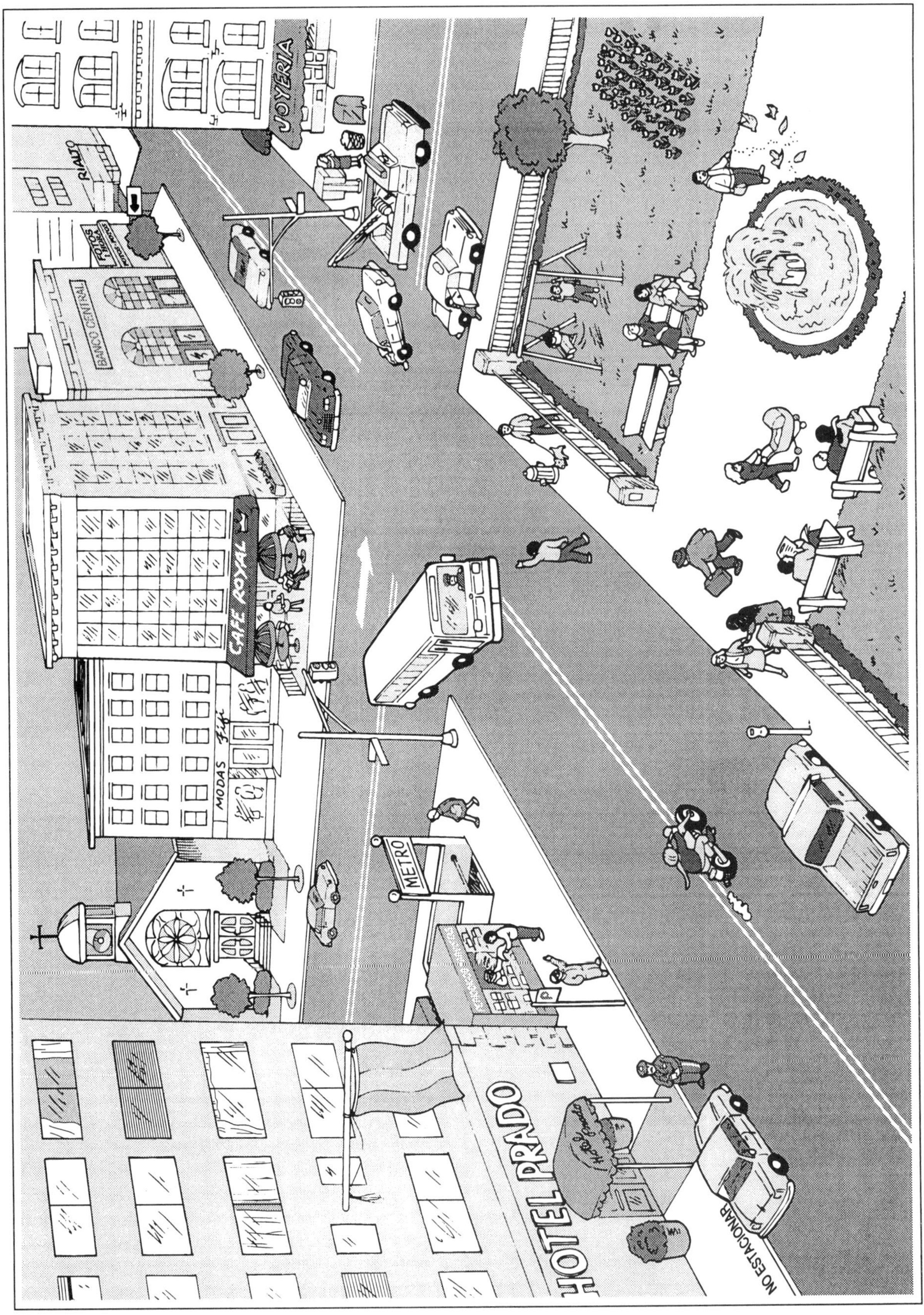
JOYERIA
RIALTO
BANCO CENTRAL
CAFE ROYAL
MODAS
METRO
HOTEL PRADO
NO ESTACIONAR

NOMBRE _____ FECHA _____ CLASE _____

Gramática I

A. The gustar construction

A. Haga un comentario para cada situación usando los datos que se dan.

1. Miguelito / encantarle
2. la señora Llanes / hacerle falta 
3. el señor Rizo / molestarle 
4. Don Rosendo / no quedarle 
5. el pintor / no alcanzarle 
6. Doña Celia / dolerle 

1. _____
2. _____
3. _____
4. _____
5. _____
6. _____

B. Mis amigos y yo. Mis amigos y yo somos muy compatibles. Tenemos problemas similares, pensamos igual y nos gustan y disgustan las mismas cosas. Exprese esto en las situaciones que se dan.

Modelo: Me gusta ir al parque. (Carlos)
A Carlos le gusta ir al parque.

Capítulo 5: La ciudad **61**

1. Me interesan las películas de suspenso. (Pepín)

2. Me hace falta un coche porque me molesta montar en autobús. (Chelo)

3. Me encanta la fotografía. (Luisito)

4. Nunca me alcanza el dinero. (todos nosotros)

5. Me duele la cabeza con frecuencia. (Carlos y Chelo)

6. No me interesan las noticias y no me gusta leer el periódico. (Amalia y Tere)

B. Familiar commands

C. Consejos para andar por la ciudad. Su primo Basilio vive en un rancho y visita por primera vez una gran ciudad. Dígale lo que (no) debe hacer usando mandatos familiares.

Modelo: Debes *mirar* el semáforo antes de cruzar la calle.
Mira el semáforo antes de cruzar la calle.

1. Tienes que *hacer* todo lo que digo para no tener problemas.

2. *No* debes *ser* muy amistoso con las personas que no conoces.

3. Hay que *salir* del metro por la puerta que dice "salida".

4. Debes *tener* cuidado con tu dinero en la calle.

5. *No* se deben *tocar* las flores del parque.

6. *No* debes *poner* los pies en los bancos del parque.

_____

7. Hay que *echar* los papeles en el cesto de la basura.

_____

8. Tienes que *conseguir* cambio exacto para el autobús.

_____

9. Debes *venir* temprano a casa.

_____

10. Si te pierdes, debes *tomar* un taxi y *decirle* mi dirección al taxista. _____

_____

C. Familiar commands with pronouns

D. Una persona contradictoria. Su hermano Manuel siempre dice lo contrario de lo que Ud. dice. Cambie los siguientes mandatos para Basilio a mandatos opuestos, como lo haría Manuel. ¡Cuidado con los pronombres!

Modelo: La calle, *no la cruces* si el semáforo está en rojo.
<u>La calle, **crúzala** si el semáforo está en rojo.</u>

1. Lo que te digo, *hazlo* todo.

_____

2. No *seas* amistoso con todo el mundo.

_____

3. *Ten* cuidado con los extraños (*strangers*) que te hablan.

_____

4. *No salgas* sin un mapa a la calle.

_____

5. La dirección, *dísela* a un policía si te pierdes.

_____

6. ¿El número del autobús? *Pregúntaselo* al señor del quiosco.

_____

7. ¿Las flores del parque? *No las toques.*

_____

8. ¿Los pies? *No los pongas* en los bancos del parque.

_____

9. Si tomas un taxi, *págale* al taxista sólo la cantidad del metro.

_____

10. El cambio para el teléfono, *consíguelo* y *llámanos* si tienes algún problema.

_____

_____

Gramática II

A. Demonstrative adjectives and pronouns

A. Imagínese que visita con sus amigos un museo de la ciudad. Complete con el demostrativo apropiado.

1. ¿Qué cuadro es _____ que estoy tocando?

2. ¡No toques los cuadros! _____ que tocaste se llama "Mujer azul".

3. Y _____ que está allá en el fondo, ¿cómo se llama?

4. _____ se titula "Atardecer". ¿Te gusta _____ estatua de la esquina?

5. ¿Cuál? ¿_____ a la que le faltan los brazos?

6. _____ estatuas de ahí son más hermosas que _____ de aquí.

7. Perdone, señor guarda, ¿dónde puedo comprar una copia de _____ cuadro?

8. ¿De cuál? ¿De _____ que está allá?

9. No, de _____ cuadro junto a mí y de _____ que está detrás, a su lado.

10. "Las señoritas de Avignon" y "Guernica" los pintó Picasso. Pero _____ (Guernica) es del período de la Guerra Civil y _____ (Las señoritas) es de la época cubista.

B. Possessive adjectives and pronouns

B. Los niños del columpio conversan. Complete con el posesivo apropiado.

1. ¡Mira qué alto sube (*my*) _____ columpio! (*Yours*)

_____ no sube tan alto.

2. ¿Hay columpio en (*your*) _____ jardín? Yo tengo uno en (*mine*)

   _____.

3. No, no hay. ¿Es grande (*your, fam. pl.*) _____ jardín?

4. (*My*) _____ mamá está en aquel banco conversando con (*her*)

   _____ amiga. ¿Dónde está (*yours*) _____?

5. El perrito que lleva ese señor es negro. (*Ours*) _____ es de color café.

6. (*Our*) _____ coche es como ése que está estacionado allí. ¿Cómo es

   (*yours, formal pl.*) _____?

7. Ese hombre le dice adiós a (*his*) _____ amigo. Yo también saludo a (*my*)

   _____ amigos cuando los veo en la calle.

8. (*Your*) _____ hermanito, ¿es un bebé como ése del cochecito? Yo tengo

   dos hermanos, pero (*mine*) _____ son grandes.

9. Aquella señora viene de las tiendas, pero no veo (*her*) _____ paquetes.

10. Amigo (*mine*) (*My friend*) _____, es muy interesante verlo todo desde

    un columpio.

C. Pedir y preguntar

C. Un día en el centro. Complete con el equivalente apropiado de *to ask* en el tiempo correcto.

1. Le _____ a la profesora si podía faltar mañana a clase, porque voy al

   centro a _____ trabajo para este verano.

2. En el café Royal, [nosotros] _____ dos cafés y le _____

   a la camarera por el baño.

3. Le _____ al policía dónde podía aparcar, e inmediatamente me

   _____ que le enseñara el permiso de conducir.

4. En el parque, un señor me _____ dónde estaba la iglesia de San Marcos y

   me _____ que lo acompañara porque no comprendió mi explicación.

5. Aquel mendigo estaba _____ dinero para comer y yo le _____ si no comió nada hoy.

6. Le _____ al señor del puesto de periódicos cambio para el autobús y él me _____ si no iba a comprar nada.

7. Ayer le _____ a mi médico una cita para hoy a las cinco. Como el autobús tarda mucho y ya son las cinco menos cuarto, _____ un taxi por teléfono. Tengo la dirección del médico escrita en un papel y el taxista me lo _____.

8. Le _____ al taxista si puedo fumar y él me _____ por favor que no fume, porque es alérgico.

Capítulo 6

Repaso previo

Prepositions

Simple prepositions			
a	to, at, in, upon, by	**hacia**	toward
ante[1]	before	**hasta**	until, as far as, up to
bajo[2]	under	**para**	for, to, on, by
con	with	**por**	for, by, in, through, because of, around, along
contra	against	**según**	according to
de	of, from, to, about	**sin**	without
desde	since, from	**sobre**	on, about, over
en	in, into, at, on	**tras**[3]	after, behind
entre	between, among		

1. Do not confuse **ante** with the compound form **antes de**. **Antes de** expresses a time relationship.

    Llámame *antes de* **salir.**   *Call me before leaving.*

    Ante describes a spatial relationship often figurative.

    Tienes muchas oportunidades **ante** ti.   *You have many opportunities before you.*

2. **Bajo** usually has a figurative meaning.

    El país está **bajo** una dictadura.   *The country is under a dictatorship.*

    Debajo de is preferred to describe a spatial relationship.

    El gato estaba **debajo de** la mesa.   *The cat was under the table.*

3. **Tras** is used mostly in written Spanish. In everyday Spanish, the compound form **detrás de** is preferred.

No sabíamos lo que él escondía **tras** esas palabras.

We didn't know what he was hiding behind those words.

El niño escondió su juguete **detrás de** la cortina.

The child hid his toy behind the curtain.

Some examples:

Llegamos **a** Madrid a las cinco y, **al** llegar, fuimos directamente **al** hotel.

We arrived in Madrid at five and, upon arriving, we went directly to the hotel.

Poco **a** poco y **con** cuidado, coloqué el espejo **contra** la pared **entre** dos sillas.

Little by little and with care I placed the mirror against the wall between two chairs.

El es **de** Guatemala, pero salió **de** su país **por** la revolución y fue **hasta** México **a** pie. **Desde** 1985 vive **en** los Estados Unidos.

He is from Guatemala but he left his country because of the revolution and went as far as Mexico on foot. Since 1985 he's been living in the United States.

Según la policía, el hombre caminó **por** varias horas **sin** zapatos **sobre** la nieve.

According to the police, the man walked in the snow for several hours without shoes.

Práctica previa

Complete con el equivalente en español de las preposiciones en inglés.

a. En la tienda Excelsior:

Ayer fui (*to*) 1_____ la tienda Excelsior (*to*) 2_____ comprar varias cosas.

(*From*) 3_____ mi casa (*to*) 4_____ la tienda hay sólo cuatro cuadras y yo

voy (*with*) 5_____ frecuencia. Soy muy indecisa. (*Because of*) 6_____

esto, siempre voy (*around*) 7_____ toda la tienda y lo miro todo bien primero. Ayer

no me decidía (*between*) 8_____ una blusa azul y una roja y terminé (*with*)

9_____ las dos. Estuve en Excelsior (*until*) 10_____ las cuatro, porque (*at*)

11_____ esta hora se terminó mi dinero. No estoy (*against*) 12_____ las

tarjetas de crédito, pero prefiero evitar (*avoid*) tentaciones y salir (*without*) 13_____

ellas. Esta vez, dejé mis tarjetas intencionalmente (*on, on top of*) 14_____ la mesa.

b. La exhibición de vestidos del sábado:

Las modelos desfilaron el sábado (*at*) 1_____ las seis (*before*) 2_____

el público, para exhibir la colección (*of*) 3_____ primavera. La moda (*fashion*)

mundial está (*under*) 4_____ el control (*of*) 5_____ unos pocos modistos

NOMBRE _____ FECHA _____ CLASE _____

(*couturiers*). Las modelos, que estaban (*behind*) 6_____ un biombo (*screen*), salieron

una (*by*) 7_____ una y caminaron (*along*) 8_____ la plataforma (*towards*)

9_____ el público. Hubo muchos comentarios (*among*) 10_____ el público

(*about*) 11_____ los nuevos modelos. Todos los ojos fueron (*with*) 12_____

admiración (*after*) 13_____ un vestido (*without*) 14_____ mangas creado

(*by*) 15_____ Adolfo.

La exhibición se extendió (*from*) 16_____ las cinco (*to*) 17_____ las siete y

fue (*at*) 18_____ el Salón Imperial (*of*) 19_____ el Gran Hotel. (*According

to*) 20_____ el periódico, no se veía un triunfo así (*since*) 21_____ 1990.

Vocabulario y expresión

A. En casa de la modista (*seamstress*). Complete esta naración con las palabras apropiadas.

Estela, la modista, corta con las 1_____ una 2_____ de 3_____.

Usa un 4_____ como guía y lo ha sujetado con 5_____. Sarita, su ayudante,

Capítulo 6: Maneras de vestir **69**

usa una 6_____ para coser un 7_____ en una blusa de 8_____. Cerca de ella hay varios 9_____. Una clienta se 10_____ un vestido de 11_____. El vestido le 12_____ muy estrecho. Clara, otra ayudante, mide la 13_____ de un 14_____ con una 15_____. El maniquí tiene puesta una blusa de 16_____.

B. Valentín hace su maleta. Valentín va de viaje. Los siguientes comentarios se refieren a las prendas que él ha puesto en su maleta ya. Identifíquelas.

1. Unos _____ negros para los pies.
2. Unos _____ de lana color café.
3. Para dormir, Valentín lleva un _____.
4. Una _____ para usar sobre el pijama y unas _____ para caminar con comodidad en la habitación del hotel.
5. Ropa interior: varias _____ y _____.
6. Para ir a comer a un restaurante elegante, Valentín lleva un _____ de tres piezas con _____. Combinada con el traje, lleva una _____ de seda y un _____, también combinado, para el bolsillo de la chaqueta.
7. Como es invierno, Valentín pone en la maleta _____ para proteger sus manos del frío y una _____ para el cuello.
8. También lleva una _____ para protegerse la cabeza.

bata
bufanda
calcetines
camisetas
calzoncillos
chaleco
corbata
gorra
guantes
traje
pañuelo
pijama
zapatillas
zapatos

Del mundo hispánico (Chile)

Palabras útiles

se queda
stays

campearán
the predominant colors will be

un toque
a touch

es imprescindible
it's a must

no se la pierda
don't miss it

> **MODA**
>
> La "guerra de los largos" no tiene fin: gana el largo, pero el corto se queda. Los tejidos y el cuero serán obligatorios. Campearán negros y grises, mezclándose con los cafés, pardos, rojos y un toque de amarillo... Todo lo que viene en el especial Paula Moda Otoño - Invierno.
>
> **ES IMPRESCINDIBLE.**
> **NO SE LA PIERDA.**

Lea este anuncio y conteste las preguntas.

1. ¿A qué estaciones del año se refiere esta moda?

   _____

2. ¿Van a ser largos o cortos los vestidos en la próxima estación?

   _____

3. ¿Cuáles son algunos colores que *no* van a predominar?

   _____

4. ¿Qué materiales van a estar muy de moda?

   _____

Capítulo 6: Maneras de vestir **71**

Gramática I

A. Reflexive constructions

A. La rutina diaria. Conteste, con oraciones completas, de manera afirmativa del 1 al 5 y de manera negativa del 6 al 10.

1. ¿Te levantas temprano?

   _____

2. ¿Te despiertas tú solo/a?

   _____

3. ¿Se quitan tú y tus compañeros el abrigo en clase?

   _____

4. ¿Te bañas todos los días?

   _____

5. ¿Se bañan todos los días tus amigos?

   _____

6. ¿Te pones los zapatos antes que los calcetines?

   _____

7. ¿Te aburres en clase?

   _____

8. ¿Te ríes cuando alguien se cae?

   _____

9. ¿Vienen a clase los estudiantes cuando no se sienten bien?

   _____

10. Cuando no se siente bien, ¿viene Ud. a clase?

    _____

B. Una visita a los almacenes "Excelsior". Complete con la forma apropiada del verbo y el pronombre reflexivo.

A veces yo (aburrirse) 1_____ en casa. Por eso voy con frecuencia a los almacenes "Excelsior". Como soy adicto a las compras, (sentirse) 2_____ muy feliz en las tiendas. Algunas personas (quejarse) 3_____ de que la ropa de "Excelsior" no es muy buena, pero a mí me gusta. En casa todos nosotros (levantarse) 4_____ temprano, así que ayer estaba en la puerta de la tienda cuando la abrieron. Pasé allí dos horas y esto es lo que vi:

72 Mundo unido: Cuaderno de actividades

NOMBRE _____ FECHA _____ CLASE _____

Una mujer estaba (probarse) 5_____ un vestido de lunares. Cuando ella (acercarse) 6_____ a su esposo para enseñárselo, él (fijarse) 7_____ en que le quedaba muy grande y (reírse) 8_____. La señora, por supuesto, (enojarse) 9_____ con él. Una niñita (ponerse) 10_____ un vestido. La madre (darse cuenta) 11_____ de que la niña había crecido mucho, porque el vestido le quedaba pequeño.

Vi a Lucía, la amiga de Lolita, quien (casarse) 12_____ el sábado. Todas las amigas de Lucía y Lolita (vestirse) 13_____ muy bien y Lolita (preocuparse) 14_____ porque no tenía ropa elegante para ir a la ceremonia. Ella (alegrarse) 15_____ cuando encontró una blusa muy bonita en el perchero.

Un señor miraba un chaleco. Me dijo que (parecerse) 16_____ a uno que él tenía en casa.

Las chaquetas de cuero son muy caras y había un joven que no (atreverse) 17_____ a gastar tanto dinero.

Como pasé tanto tiempo (fijarse) 18_____ en la gente, (olvidarse) 19_____ de comprar hilo y botones, que eran lo único que necesitaba.

B. Special uses of reflexive constructions

C. ¿Qué pasó aquí? Haga una oración para cada persona de la escena, expresando que la acción fue accidental. Use los verbos **acabarse, caerse, desteñirse, encogerse.**

Capítulo 6: Maneras de vestir **73**

1. _____
2. _____
3. _____
4. _____

D. Accidentes y problemas. Forme una frase apropiada para cada situación con verbos de la lista.

Modelo: (encogerse) Los pantalones te quedan cortos.
Se te encogieron en la secadora.

1. Los niños están llorando. Sacaron a pasear al perro y . . .
   _____

2. Lavé por primera vez la blusa de seda y ahora no puedo ponérmela.
   _____

3. Vimos venir el autobús y corrimos, pero . . .
   _____

4. No pude terminar de coser el vestido.
   _____

5. La puerta estaba cerrada y no pude entrar en el apartamento.
   _____

6. Ahora el juego de platos de Rita está incompleto.
   _____

7. El piso estaba muy sucio. La camisa de Carlos se cayó al suelo y . . .
   _____

8. Hoy teníamos invitados a cenar, pero no pudieron comer en casa. Los llevamos a un restaurante.
   _____
   _____

9. Siento no haberte llamado para invitarte.
   _____

a. acabarse el hilo
b. desteñirse
c. encogerse en la secadora
d. ensuciarse
e. escaparse tras un pájaro
f. irse
g. ocurrirse
h. olvidarse los nombres de sus estudiantes
i. perderse
j. quemarse la comida
k. romperse tres platos

10. Muchos profesores tienen muy mala memoria.

   _____

Gramática II

Uses of por **and** para

Comentarios que se oyen en una tienda. Complete, decidiendo entre **por** y **para**.

1. Todas estas blusas tienen que estar vendidas _____ el martes. Debemos vender treinta blusas _____ día.

2. Me gusta venir a este almacén. _____ poco dinero se puede comprar mucho.

3. _____ ser un lunes _____ la mañana, hay mucha gente en las tiendas.

4. _____ mí fue una sorpresa ver tanta gente comprando tan temprano _____ el centro de la ciudad.

5. Este centro comercial fue construido hace cinco años _____ un arquitecto japonés, _____ reunir en un solo edificio todas las tiendas del pueblo.

6. ¿_____ qué quieres tanto dinero? _____ cincuenta dólares puedes comprarte este pantalón y otro _____ tu hermana.

7. Al terminar las compras siempre tomamos el bus que va _____ la Plaza _____ Mayor. Pasa _____ esta esquina.

8. Esta camisa es muy pequeña _____ mí. Yo uso la talla 17.

9. Patricia está _____ casarse; _____ eso está comprando tantos electrodomésticos.

10. En el departamento de cosméticos, una clienta me tomó _____ una de las empleadas.

11. En realidad, no voy mucho de compras; sólo tres o cuatro veces _____ semana.

12. ¿Pagaste cien dólares _____ ese vestido? No puedo creerlo.

13. Mi prima nunca va de tiendas; lo compra todo _____ catálogo.

14. ¡Qué horror! Ya están _____ cerrar las tiendas y nos quedan muchas cosas _____ comprar.

Capítulo 6: Maneras de vestir

Capítulo 7

Repaso previo

The future and the conditional

1. The regular future is formed by adding these endings to the whole infinitive: **-é, -ás, -á, -emos, -éis, -án**.

   > hablaré, hablarás, hablará, hablaremos, hablaréis, hablarán
   >
   > comeré, comerás, comerá, comeremos, comeréis, comerán
   >
   > viviré, vivirás, vivirá, viviremos, viviréis, vivirán

   Most verbs are regular in the future tense.

2. The regular conditional is formed by adding these endings to the whole infinitive: **-ía, -ías, -ía, -íamos, -íais, -ían**. Note that these endings are the same as those of the imperfect tense.

   > hablaría, hablarías, hablaría, hablaríamos, hablaríais, hablarían
   >
   > comería, comerías, comería, comeríamos, comeríais, comerían
   >
   > viviría, vivirías, viviría, viviríamos, viviríais, vivirían

3. The future and conditional forms share the same irregularities. See the chart below.

Irregular future and conditional forms		
Infinitive vowel dropped	Infinitive vowel replaced with a *d*	Other irregularities
habér > habr- habré, habrás, . . . habría, habrías, . . .	**poner > pondr-** pondré, pondrás, . . . pondría, pondrías, . . .	**decir > dir-** diré, dirás, . . . dirías, diría, . . .

77

pod*e*r > podr- podré, podrás, . . . podría, podrías, . . . **quer*e*r > querr-** querré, querrás, . . . querría, querrías, . . . **sab*e*r > sabr-** sabré, sabrás, . . . sabría, sabrías, . . .	**salir > saldr-** saldré, saldrás, . . . saldría, saldrías, . . . **tener > tendr-** tendré, tendrás, . . . tendría, tendrías, . . . **valer > valdr-** valdré, valdrás, . . . valdría, valdrías, . . . **venir > vendr-** vendré, vendrás, . . . vendría, vendrías, . . .	**hacer > har-** haré, harás, . . . haría, harías, . . .

Práctica previa

A. Cambie los verbos en cursiva por la forma apropiada del futuro.

Hoy es el cumpleaños de mi novio. Él no lo *sabe*, 1_____ pero *tengo*

2_____ una sorpresa preparada para él esta noche. Le *digo* 3_____ que

vamos 4_____ al cine. Él *sale* 5_____ de su casa a las siete y *viene*

6_____ a buscarme. *Pongo* 7_____ la mesa y *hago* 8_____ la

comida desde temprano. Varios amigos *quieren* 9_____ asistir. Por supuesto, *hay*

10_____ pastel de cumpleaños y también música. *Es* 11_____ mucho

trabajo, pero *vale* 12_____ la pena.

B. **Lo que dijo el presidente.** Ud. está en México con un amigo que no sabe mucho español. El presidente pronuncia un discurso y Ud. le explica a su amigo lo que dijo él, usando verbos en el condicional. El presidente dijo que . . .

1. haber elecciones el próximo año

    _____

2. decir pronto el nombre del candidato a gobernador

    _____

3. los nombres de los otros candidatos saberse también pronto

    _____

NOMBRE _____ FECHA _____ CLASE _____

4. hacer la nueve carretera en unos meses
   _____

5. el pueblo no querer pagar más impuestos
   _____

6. las personas sin trabajo tener empleo en el futuro
   _____

7. poner en la cárcel a todos los traficantes de drogas
   _____

8. el peso mexicano valer cada día más
   _____

C. El cuento de la lechera (*milkmaid*). Cambie los verbos en cursiva de la sección (a) al futuro y los de la sección (b) al condicional.

(a) Una lechera llevaba su leche al pueblo y, mientras caminaba, iba soñando: Hoy *viene* 1_____ mucha gente al mercado y yo *tengo* 2_____ suerte. Les *digo* 3_____ que mi leche es buena y barata y todos *quieren* 4_____ comprarla. ¿Qué *hago* 5_____ con el dinero? Pues *puedo* 6_____ comprar una gallina y ella *pone* 7_____ muchos huevos. De los huevos *nacen* 8_____ pollitos y los pollitos *son* 9_____ gallinas en muy poco tiempo. Entonces *hay* 10_____ en mi patio infinidad de gallinas, huevos y pollos que *valen* 11_____ mucho dinero y que yo *salgo* 12_____ a vender al mercado todos los sábados. *Sé* 13_____ invertir bien el dinero de las ventas, *soy* 14_____ rica y *compro* 15_____ una casa grande y ropa elegante.

(b) La mujer no vio que en el camino había una piedra. Cayó y se le derramó (*spilled*) la leche. La gente *viene* 1_____ al mercado y *quiere* 2_____ comprar su leche, pero ya no *hay* 3_____ leche que vender. Las gallinas no *ponen* 4_____ huevos porque ella ya no *tiene* 5_____

Capítulo 7: ¡Que aproveche! **79**

gallinas. No *sale* 6_____ los sábados al mercado y no *puede*

7_____ ganar dinero. ¡Pobre lechera! ¿Qué *hace* 8_____ ahora?

Vocabulario y expresión

A. Combinaciones comunes. Complete cada combinación, escogiendo la palabra más apropiada en la columna de la derecha.

1. aceite y _____	a. agua
2. arroz con _____	b. asada
3. carne _____	c. fritos
4. carrito de los _____	d. leche
5. copa para _____	e. llano
6. pastel de _____	f. manzana
7. pedazo de _____	g. pan
8. plátanos _____	h. papas
9. plato _____	i. postres
10. puré de _____	j. tinto
11. salsa de _____	k. tomate
12. vino _____	l. vinagre

NOMBRE _____ FECHA _____ CLASE _____

B. Crucigrama.

Horizontales

4. Negarse o no aceptar.
5. Un sabor muy común de helado.
6. Utensilio para servir la sopa.
7. Donde pago al salir del restaurante.
9. Productos del mar que se comen.
10. Una clase de postre.
11. Instrucciones para preparar un plato.
14. Un plato que no es hondo.
15. Plato que tiene varios ingredientes.
16. Lo que como al final de la comida.
17. Condición de los platos antes de lavarlos.
20. Lo usa la camarera para no ensuciarse la ropa.
21. La carne de vaca se llama carne de . . .
22. Líquido dulce.
25. Una cosa simple es . . .
26. Los camareros usan una corbata de . . .

Verticales

1. *Pork rinds*
2. Donde se pone el agua para llevarla a la mesa. (*pl.*)
3. Partes de un objeto roto.
8. *to manage*
12. Fruta verde por dentro y por fuera que se come en ensalada.
13. Dinero que le regalamos a alguien por un servicio.
18. Donde sientan a los niños pequeños.
19. Hombre que me sirve la comida.
23. Ingrediente básico en las tortillas mexicanas.
24. Sinónimo de **delicioso**.

Capítulo 7: ¡Que aproveche! **81**

Gramática I

Uses of the future

A. Conteste las preguntas usando el futuro en su respuesta.

La próxima vez que vaya al supermercado . . .

1. ¿Va a comprar carne solamente o va a comprar también pescado?
   _____

2. ¿Piensa ir solo/a o lo/la van a acompañar otras personas?
   _____

3. ¿Va a gastar mucho dinero?
   _____

4. ¿Cómo piensa transportar sus compras?
   _____

5. ¿Dónde va a poner la comida que compre?
   _____

B. Cambie los verbos al presente para expresar un futuro inmediato.

Mi cumpleaños *será* en junio. Mis compañeros/as de apartamento y yo *organizaremos* una gran fiesta y *convidaremos* a todos nuestros amigos. Yo *limpiaré* la casa, Bebo/a *preparará* la comida y Luis/a *atenderá* a los invitados.

Mi cumpleaños *es* pasado mañana. Mis compañeros/as de apartamento y yo _____

_____

_____

_____

_____

_____

C. Paquito es un niño desobediente y Ud. lo cuidó ayer todo el día. Invente cuatro oraciones con el pretérito de **querer** para informar a la madre de Pepito de las cosas que el niño se negó a hacer.

Modelo: *Pepito no quiso comerse la ensalada.*

1. _____
2. _____

3. _____

4. _____

D. En casa de Olga. Traduzca al español, usando el futuro de probabilidad para indicar conjetura.

1. I wonder who cooks in Olga's home.

   _____

2. It probably takes a long time to cook a **bandeja montañera**.

   _____

   _____

3. Who can that be? It must be my brother Javier.

   _____

4. This is a typical Colombian dish. I guess (**Supongo que**) you want to try it.

   _____

   _____

5. I ate too much. Where can my bicarbonate of soda be?

   _____

   _____

E. En el restaurante. Conteste las siguientes preguntas sobre lo que pasó en el restaurante usando la clave que se da y el condicional para indicar conjetura o probabilidad.

Modelo: ¿Qué propina dejó aquella señora? (quince por ciento)
Dejaría el quince por ciento.

1. ¿Qué vino bebieron los clientes de la mesa dos? (vino de Rioja)

   _____

2. ¿Quién rompió esa taza? (el niño)

   _____

3. ¿Qué cantó el trío? ("Bésame mucho".)

   _____

4. ¿Qué llevaba el hombre en la bandeja? (los platos sucios)

   _____

Capítulo 7: ¡Que aproveche! **83**

5. ¿Qué sopa pidió aquel señor? (sopa de pollo)

   _____

6. ¿Quién pagó la cuenta de la pareja romántica? (el esposo)

   _____

F. ¿Qué dijeron? Exprese de otra manera lo que dijeron estas personas, usando el condicional.

   Modelo: Carmen dijo: "No iré al supermercado".
   Carmen dijo que no iría al supermercado.

   1. El niño dijo: "No comeré las espinacas".

      _____

   2. Su madre le dijo al niño: "No comerás postre".

      _____

   3. La camarera dijo: "En unos minutos traigo la comida".

      _____

   4. El cantante dijo: "Cantaré sólo canciones románticas".

      _____

   5. Los clientes enojados dijeron: "No volveremos a este restaurante".

      _____

G. Frases finas y corteses. Cambie los verbos entre paréntesis al condicional para hacer más indirectas las expresiones.

   1. Ud. no (*debe*) _____ comer tantos dulces.

   2. (*Deseo*) _____ un servicio rápido. Tengo prisa.

   3. Me (*gusta*) _____ cenar contigo esta noche.

   4. ¿(*Pueden*) _____ Uds. cantar algo romántico?

   5. (*Preferimos*) _____ sentarnos cerca de la ventana; no nos (*gusta*) _____ estar junto a la cocina.

   6. ¿(*Quiere*) _____ Ud. explicarnos en qué consiste este plato?

   7. ¿(*Podemos*) _____ cambiar las papas por arroz?

   8. Camarero, ¿(*puede*) _____ Ud. traerme un vaso limpio, por favor? Éste está sucio.

Del mundo hispánico (Estados Unidos)

Palabras útiles

más de la cuenta
too much

lamentar
to be sorry

malestar
uneasiness

Si comió más de la cuenta y ahora lo lamenta...

HAMBURGUESA 99¢
ENCHILADA 79¢
HOT DOG $1.00
TAMALES 50¢
PAPAS FRITAS 50¢
REFRESCOS 65¢

...recuerde que para la mayoría de los malestares estomacales causados por comer o tomar demasiado...

...el remedio es el mismo.

Pepto-Bismol

Lea este anuncio y conteste las preguntas.

1. ¿Es barata o cara la comida que se anuncia en este menú?

   _____

2. ¿Cuánto costarían estas mismas cosas en el lugar donde Ud. vive?

   _____

Capítulo 7: ¡Que aproveche! **85**

3. ¿Qué pasa muchas veces cuando una persona come o bebe demasiado?

_____

4. ¿Que recomienda el anuncio que haga una persona que comió más de la cuenta?

_____

Gramática II

A. The *se* construction as equivalent of the passive voice

A. Consejos culinarios. Su amiga Gloria acaba de casarse y no sabe cocinar ni servir una comida a sus invitados. Déle consejos usando la pasiva refleja.

Modelo: Mezclar los huevos revueltos con jamón.
Se mezclan los huevos revueltos con jamón.

1. Servir el coctel de camarones primero.

_____

2. Asar el pato con salsa de naranja.

_____

3. Batir bien los huevos antes de hacer la tortilla.

_____

4. Revolver la tortilla frecuentemente.

_____

5. Rellenar los pimientos con carne.

_____

6. Lavar bien la lechuga y los tomates antes de hacer la ensalada.

_____

7. Cortar el queso en pedacitos pequeños.

_____

8. Seguir todas las recetas exactamente.

_____

NOMBRE _____ FECHA _____ CLASE _____

B. Spanish equivalents of *but*

B. Olga y sus amigas. Complete las oraciones con el equivalente apropiado de *but*.

1. Olga y Luz no sólo son compañeras de curso, _____ también son excelentes amigas.

2. Pat, la amiga de ellas dos, no es colombiana, _____ asiste a la universidad de Medellín.

3. Olga no invitó a Luz y a Pat a comer en su casa hoy, _____ el domingo próximo.

4. Olga dijo que no cocinaría su madre, _____ ella y su hermano.

5. No es que no tengan cocinera, _____ la cocinera está de vacaciones en su pueblo.

6. Javier no es buen cocinero, _____ es muy guapo.

7. Ellos no prepararán pimientos rellenos, _____ un plato de pescado típico.

8. No solamente prepararán viudo de pescado, _____ también harán tortilla de chorizo.

9. En Colombia, la tortilla no se hace con maíz, _____ con huevos.

10. A Luz no le gusta mucho el pescado, _____ lo come.

11. En realidad, ella come todo lo que le sirvan, _____ camarones. Es alérgica.

12. Luz no tiene problemas estomacales, _____ siempre tiene a mano bicarbonato de soda.

Capítulo 7: ¡Que aproveche!

NOMBRE _____ FECHA _____ CLASE _____

Capítulo 8

Repaso previo

A. The past participle

1. The regular past participle in English ends in *-ed*. In Spanish, regular past participles end in **-ado** for **-ar** verbs and in **-ido** for **-er** and **-ir** verbs: **llamado, bebido, vivido**.
2. After strong vowels (**a, e, o**) in the stem, the **i** in **-ido** requires a written accent: leer > **leído**, oír > **oído**, traer > **traído**.

Common verbs with irregular past participles			
abrir >	**abierto**	poner >	**puesto**
cubrir >	**cubierto**	disponer >	**dispuesto**
descubrir >	**descubierto**	suponer >	**supuesto**
decir >	**dicho**	romper >	**roto**
escribir >	**escrito**	ver >	**visto**
freír >	**frito**	volver >	**vuelto**
hacer >	**hecho**	devolver >	**devuelto**
deshacer >	**deshecho**	envolver >	**envuelto**
morir >	**muerto**	resolver >	**resuelto**
		revolver >	**revuelto**

Práctica previa

A. **Una excursión al campo.** Dígales a sus amigos los preparativos que ya ha hecho para una excursión al campo con ellos, usando los participios de los infinitivos que se indican.

He (oír) 1_____ que alguien ha (decir) 2_____ que no tengo

las cosas listas. Por eso he (resolver) 3_____ hacer una lista de mis

preparativos.

89

En la lista, he (escribir) 4_____ esto: Ya he (preparar) 5_____ la comida, he (revolver) 6_____ los huevos, he (freír) 7_____ las papas y he (cubrir) 8_____ la comida con papel de aluminio.

También he (envolver) 9_____ los sánwiches. He (suponer) 10_____ que a todos les gusta la limonada y la he (hacer) 11_____.

He (poner) 12_____ los platos y los vasos en una canasta (*basket*). Cuando he (abrir) 13_____ la canasta, he (descubrir) 14_____ que se había (romper) 15_____ un vaso. No lo había (ver) 16_____ antes. He (quitar) 17_____ el vaso y he (volver) 18_____ a cerrar la canasta.

B. Perfect tenses of the indicative mood

Present perfect

Present of **haber**: he, has, ha, hemos, habéis, han

Pluperfect

Imperfect of **haber**: había, habías, había, habíamos, habíais, habían

Preterite perfect*

Preterite of **haber**: hube, hubiste, hubo, hubimos, hubisteis, hubieron

Future perfect

Future of **haber**: habré, habrás, habrá, habremos, habréis, habrán

Conditional perfect

Conditional of **haber**: habría, habrías, habría, habríamos, habríais, habrían

+ past participle of main verb

Observations:

1. The parts of a perfect construction are never separated. If the verb phrase is negative, *no* precedes the auxiliary verb.

    No he visto a José.   I have *not* seen José.

2. When the past participle is part of a perfect tense, it always ends in -o. When the past participle functions as an adjective, it agrees with the noun it modifies: -o, -a, -os, -as.

---

* The preterite perfect is not practiced in this book because it's used infrequently. In everyday Spanish, it is generally replaced by the simple preterite.

Práctica previa

B. Reemplace los tiempos simples en cursiva con la misma persona de los tiempos compuestos que se indican.

1. Present perfect:

—¿Por qué *volviste* _____ a la tienda? —*Volví* _____ a la tienda porque *resolví* _____ no comprar cosas que en realidad no necesito. Así que no me *puse* _____ los pantalones que *compré* _____, sino que los *envolví* _____ y los *devolví* _____.

2. Pluperfect:

Cuando Marita y yo trabajamos en la oficina, lo hacemos todo muy rápido. Ayer, por ejemplo, a las once *abrimos* _____ la correspondencia, *ordenamos* _____ los papeles que Alejandro y Luis *revolvieron* _____ y los *pusimos* _____ en el escritorio del jefe. Además, Marita *hizo* _____ café y yo *escribí* _____ varias cartas. ¿Qué *hiciste* _____ tú?

3. Future perfect:

¿Quién *sería* _____ el autor del crimen? *Rompería* _____ él la ventana para entrar. ¿Cómo se *desharía* (got rid of) _____ de la pistola? ¿Quiénes *escribirían* _____ los anónimos? ¿*Vería* _____ alguien al asesino? ¿*Moriría* _____ ya la víctima? ¿Cómo *descubriría* _____ el inspector la verdad? Entre todos *resolveremos* _____ el misterio la próxima semana. Vea nuestro programa otra vez el sábado a la misma hora.

4. Conditional perfect:

Cuando les pedí ayuda a mis amigos, Juan me dijo: "Yo te *ayudaría* _____, pero . . ."; Elena y Raúl me dijeron: "Nosotros te *resolveríamos* _____ el problema, pero . . ." Inés me preguntó: "Si nosotros no existiéramos, ¿qué *harías* _____?" Yo le contesté: "No *supondría* _____ que alguien iba a ayudarme y me *pondría* _____ triste, pero no tan triste como estoy ahora".

Vocabulario y expresión

A. Animales. Dé el nombre de cada animal y escriba la(s) letra(s) de la acción o acciones y/o el producto o productos que Ud. asocia con el animal.

_____	1. _____	a. ahuyentar
_____	2. _____	b. arar
_____	3. _____	c. cantar
_____	4. _____	d. cazar
_____	5. _____	e. domar
_____	6. _____	f. montar
_____	7. _____	g. pescar
_____	8. _____	h. picar
_____	9. _____	i. huevos
_____	10. _____	j. jamón
_____	11. _____	k. lana
_____	12. _____	l. leche
_____	13. _____	m. miel
_____	14. _____	n. piel
_____	15. _____	o. seda

NOMBRE _____ FECHA _____ CLASE _____

B. Complete con la palabra más apropiada de la columna a la derecha.

1. Después del invierno, los campesinos siembran las _____.
2. El campesino llevaba una _____ tirada por mulas.
3. Uso _____ para hacer el espantapájaros.
4. Cuando necesito agua, la saco del _____.
5. Cazo las mariposas con una _____.
6. Hay ranas en el _____.
7. El _____ y la oveja son animales de la misma familia.
8. _____ el maíz en el granero.
9. Muchos enamorados _____ margaritas.
10. El _____ aparece en el cielo después de la lluvia.
11. Las ramas de los árboles salen del _____.
12. Las abejas viven en una _____ y los pichones en un _____.
13. Tengo buena _____ cuando uso mi tirapiedras.
14. Se necesita un _____ para cruzar el río.

almaceno
arcoiris
carreta
colmena
cordero
deshojan
estanque
nido
paja
pozo
puente
puntería
red
semillas
tronco

Capítulo 8: ¡Vamos al campo!   *93*

Del mundo hispánico (México)

Palabras útiles

salvemos
let's save

desperdicios
waste

a todo color
full color

medio ambiente
environment

número
issue

M.N. (moneda nacional)
currency

N. nuevos pesos*

Lea este anuncio y complete las frases siguientes.

1. Ecologito es una _____ que enseña a cuidar el _____.

2. Las caricaturas no son en blanco y negro sino _____.

3. La intención principal de esta publicación es combatir la _____.

4. La revista no aparece todas las semanas. Se publica cada _____.

5. El total de números de la colección es _____.

---

* Mexico took away three zeroes from its monetary unit in 1992. The value of the peso was approximately 3,000 for a dollar before that date.

6. Esta revista puede comprarse en _____ y en _____.

7. Un artículo de la revista explica cómo controlar las sustancias que contaminan y los _____.

8. Los nuevos pesos valen _____ veces más que los pesos antiguos.

Gramática I

A. ¿Qué ha pasado? En la escena de campo en las páginas 96 y 97, están pasando varias cosas. Imagine que Ud. llega a este lugar unas horas más tarde y exprese que estas cosas ya han pasado.

Modelo: El hombre está domando el potro.
El hombre ha domado el potro.

1. Un campesino y su mujer siembran el campo.

2. Otro hombre cruza el puente con su mula.

3. Una joven está cazando mariposas.

4. Otra joven deshoja una margarita.

5. El chico va a tirarle una piedra a la colmena.

6. Las hormigas transportan un gusano.

B. ¿Qué había pasado antes? Invente un suceso (*happening*) en cada caso y diga lo que había pasado ya antes de este suceso.

Modelo: La oveja come hierba en el prado.
*La oveja ya había comido hierba en el prado **cuando la llevaron al corral**.*

1. Varias personas pescaban truchas en el río.

2. El niño le dio una zanahoria al conejo.

Capítulo 8: ¡Vamos al campo!

3. La rana capturó el caballito del diablo.

_____

4. Un amigo y yo sacamos agua del pozo.

_____

96   Mundo unido: Cuaderno de actividades

NOMBRE _____ FECHA _____ CLASE _____

5. El pájaro carpintero hacía un agujero (*hole*) en el tronco.

_____

6. La cabra iba a beber en el estanque.

_____

Capítulo 8: ¡Vamos al campo! **97**

C. ¿Qué habrá pasado? Use el futuro perfecto para expresar lo
que habrá pasado en la fecha que se indica en cada caso.

Modelo: El campesino y su mujer siembran el campo en la primavera. (el verano)
El campesino y su mujer ya habrán sembrado el campo en el verano.

1. La chica ordeña la vaca a las siete. (a las ocho) _____

2. El lunes el hombre va al pueblo en su caballo. (el martes) _____

3. Este año voy a cortar muchos árboles del bosque. (el año que viene) _____

4. Los dueños de la finca doman los potros en abril. (en mayo) _____

5. Durante el verano almacenamos el maíz en el granero. (en el otoño) _____

6. Voy a llevar los cerdos al mercado el sábado. (la semana que viene) _____

D. ¿Qué habría hecho Ud.? Escoja la acción de la lista más
apropiada para cada situación.

Modelo: La mujer les daba comida a las gallinas y se le acabó el maíz. (ir a buscar más maíz)
Yo habría ido a buscar más maíz.

   a. ir a buscar más maíz   e. ahuyentarlas
   b. llevarlos al médico   f. sacar agua del pozo
   c. volverlo a poner de pie   g. quitarla del camino
   d. ensillar otro caballo

1. Cuando el hombre trataba de ensillarlo, el caballo se escapó.

2. La tortuga cruzaba el sendero y venía un auto.

3. El pobre gusano iba a morir devorado por las hormigas.

4. El ternero tenía sed y no había agua en el estanque.

5. Cientos de abejas picaron a los niños.

6. El hombre del tractor chocó accidentalmente con el espantapájaros.

E. **Conjeturas.** Use el futuro perfecto para indicar una conjetura o la curiosidad de la persona que habla.

Modelo: ¿Quién *construyó* el granero?
¿Quién habrá construido el granero?

1. No sé quién se *robó* la oveja.

2. ¿*Pescaron* muchas truchas en el río?

3. ¿*Fue* fácil domar a ese potro?

4. Me pregunto quién *haría* ese espantapájaros.

5. ¿Sabes quién le *regaló* ese conejo al niño?

6. ¿Dónde *compró* la joven su red?

F. **Más conjeturas.** Haga una conjetura sobre un suceso pasado para cada pregunta, usando el condicional perfecto y la clave que se da.

Modelo: ¿Quién *había cortado* los árboles? (el dueño de la finca)
*Los **habría cortado** el dueño de la finca.*

1. ¿Dónde *había fabricado* su nido el pájaro carpintero? (en un árbol alto)

2. ¿Dónde *había guardado* la mujer el maíz? (en el granero)

Capítulo 8: ¡Vamos al campo! **99**

3. ¿Adónde *había ido* el hombre en su caballo? (al mercado)

4. ¿Quién *había tirado* al suelo la colmena? (los niños)

5. ¿Quién *había sacado* el agua del pozo? (los dos hombres)

6. ¿Quién *había vendido* los bueyes? (sus dueños)

Gramática II

A. Weather expressions

A. El tiempo. Dé una expresión apropiada para cada situación.

Modelo: El termómetro marca 90 grados.
Hace mucho calor.

1. Llueve muy fuerte y hay mucho viento.

2. Llevo dos suéteres y un abrigo grueso.

3. La noche estaba muy oscura.

4. Oí un ruido enorme y vi una luz en el cielo.

5. Llueve, pero no llevo paraguas porque llueve muy poco.

6. Te quemaste mucho cuando fuiste a la playa.

7. Se me voló el sombrero y ahora tengo que peinarme.

8. Los árboles y los techos de las casas están blancos.

NOMBRE _____ FECHA _____ CLASE _____

B. Using hacer in time expressions

B. Diga cuánto tiempo hace que pasaron los sucesos que se indican.

Modelo: En 1975 se construyó un nuevo puente sobre el río.
Hace veintiún (veintidós etc.) años que se construyó un nuevo puente sobre el río.

1. En 1964 los Beatles vinieron a los Estados Unidos.

   _____

2. En 1969 los astronautas llegaron a la luna.

   _____

3. En 1989 cayó la pared de Berlín.

   _____

4. En 1994 se celebró el campeonato de fútbol en los Estados Unidos.

   _____

C. Exprese de dos maneras la duración de la acción.

Modelo: ¿Cuánto tiempo hace que... su familia vive en la misma dirección?
Hace diez años que mi familia vive en la misma dirección. Mi familia vive

en la misma dirección desde hace diez años.

¿Cuánto tiempo hace que...?

1. Ud. asiste a esta universidad

   _____

   _____

2. Ud. estudia español

   _____

   _____

3. Ud. contesta los ejercicios de la Lección 8

   _____

   _____

4. no llueve / no nieva en esta región

   _____

   _____

Capítulo 8: ¡Vamos al campo! ***101***

D. Exprese cuánto tiempo hacía de cada situación cuando pasó algo más. Imite el modelo.

Modelo: Vivíamos en la casa desde junio. Hubo un ciclón en octubre.
Hacía cinco meses que vivíamos en la casa cuando hubo un ciclón.

1. Llovía desde las tres. El arcoiris apareció a las tres y media. _____

2. La joven perseguía mariposas desde las ocho. Atrapó una mariposa a las diez. _____

3. Mis abuelos vivían en el rancho desde 1995. Yo los visité el mes pasado. _____

4. El campesino sembraba el campo desde el lunes. El tractor se rompió el jueves. _____

5. El campesino tenía la vaca desde mayo. En junio nació un ternero. _____

E. Estados y condiciones resultantes. Exprese en cada caso los estados y condiciones que resultan.

Modelo: El hombre ensilló el caballo.
El caballo está ensillado.

1. La mujer abrió la puerta del granero.

2. La joven deshojó la margarita.

3. Yo corté las ramas del árbol.

4. Almacenamos los granos.

5. El hombre domó las yeguas.

6. Las mariposas murieron.

NOMBRE _____ FECHA _____ CLASE _____

7. Los potros rompieron la cerca.

_____

8. El campesino vendió el buey.

_____

Capítulo 9

Repaso previo

Review the present and imperfect subjunctive forms presented in the *Repaso previo* of Capítulo 4.

Práctica previa

A. Conversaciones que se oyen en una oficina. Complete el cambio de estas frases al pasado, reemplazando el presente de subjuntivo de la cláusula con el imperfecto de subjuntivo.

1. Les aconsejo que hagan bien su trabajo.

    Les aconsejé que _____.

2. El jefe me pide que venga a la oficina el sábado.

    El jefe me pidió que _____.

3. En la compañía prohíben que los empleados traigan alcohol a la oficina.

    En la compañía prohibían que _____.

4. Te recomiendo que leas las cartas antes de firmarlas.

    Te recomendé que _____.

5. La jefa me ordena que le dé instrucciones al nuevo asistente.

    La jefa me ordenó que _____.

6. Señorita, le ruego que ponga los papeles en mi escritorio.

    Señorita, le rogué que _____.

7. No quiero que la jefa me vea fumando.

    No quería que _____.

8. No puedo consentir que una secretaria se duerma en la oficina.

    No podía consentir que _____.

9. Necesitamos que nuestros empleados sepan español.

   Necesitábamos que _____.

10. Mi novia insiste en que yo pida un aumento de sueldo.

    Mi novia insistía en que _____.

Perfect tenses of the subjunctive

Present Perfect Subjunctive

(Antepresente de subjuntivo)
Present subjunctive of **haber** (**haya, hayas, haya, hayamos, hayáis, hayan**) } + past participle of main verb

Pluperfect Subjunctive

(Pluscuamperfecto de subjuntivo)
Imperfect subjunctive of **haber*** (**hubiera, hubieras, hubiera, hubiéramos, hubierais, hubieran**) } + past participle of main verb

Práctica previa

B. Cambie los infinitivos entre paréntesis al antepresente de subjuntivo.

1. Siento que tú y yo _____ (no resolver) nuestros problemas.

2. Me preocupa que (tú) _____ (no encontrar) trabajo todavía.

3. Dudo que (tú) _____ (escribir) muchas cartas pidiendo empleo.

4. Me parece una lástima que la Compañía Universal _____ (no contratarte).

5. Dudo que el banco _____ (pagar) tu último cheque.

6. Siento que tus padres _____ (no prestarte) dinero.

7. Es triste que yo _____ (no tener) dinero para prestarte.

8. Me molesta que tus otros amigos _____ (no ayudarte).

9. Me alegro de que dos compañías _____ (llamarte) para una entrevista.

10. Espero que (tú) no _____ (perder) tu optimismo.

---

* There is also an alternate set of endings for the auxiliary **haber** in the pluperfect subjunctive: **hubiese, hubieses, hubiese, hubiésemos, hubieseis, hubiesen**. The alternate set of endings is little used, especially in Spanish America.

C. Complete, cambiando al pluscuamperfecto de subjuntivo los verbos de las cláusulas del Ejercicio B.

1. Sentía que tú y yo _____
   _____.

2. Me preocupaba que tú _____
   _____.

3. Dudaba que (tú) _____
   _____.

4. Me parecía una lástima que la Compañía Universal _____
   _____.

5. Dudaba que el banco _____
   _____.

6. Sentía que tus padres _____
   _____.

7. Era triste que yo _____
   _____.

8. Me molestaba que tus otros amigos _____
   _____.

9. Me alegraba de que dos compañías _____
   _____.

10. Esperaba que (tú) no _____
    _____.

Capítulo 9: Hay que ganarse la vida *107*

Vocabulario y expresión

A. Crucigrama.

Horizontales

5. Plataforma adonde suben los que construyen edificios.
8. Parte de atrás de un cheque o papel.
9. Persona que me da orientación cuando me matriculo en la universidad.
10. Ataque para robar.
14. Dar a alguien un dinero o una cosa que tendrá que devolver.
16. Sufrir.
17. Persona con la cara cubierta.
20. Documento bancario para enviar dinero.
21. Farmacia.
22. Papel que indica el dinero que tengo que pagar.
23. Hombre que trabaja en una imprenta.
24. Persona que está presente cuando pasa algo.

Verticales

1. Construir.
2. Una silla para personas que no pueden caminar tiene dos de estas.
3. Hombre que cambia mis cheques en el banco.
4. Unidad monetaria de un país.
6. Hombre que anuncia por radio y TV.
7. Persona que no tiene empleo.
11. Donde guardo (en casa) el dinero que ahorro.
12. Instrumentos de trabajo.
13. Aparato para poner grapas.
15. Equivalente en español de *guy*.
18. No tengo cuenta de cheques en este banco, pero tengo una cuenta de . . .
19. Algo que es mío.

NOMBRE _____ FECHA _____ CLASE _____

Oficios y profesiones

A. Diga el nombre de cada profesión y explique alguna de las actividades de esta persona en su trabajo.

1. _____
_____

2. _____
_____

3. _____
_____

4. _____
_____

5. _____
_____

6. _____
_____

7. _____
_____

8. _____
_____

9. _____
_____

10. _____
_____

Capítulo 9: Hay que ganarse la vida

B. Decida cuáles de estos oficios no son apropiados para las siguientes personas y explique por qué.

Una persona que o a quien . . .

1. padece de vértigo _____
2. es muy activo/a _____
3. es muy tímido/a _____
4. no le gusta escribir _____
5. no le gusta cocinar _____
6. no tiene sentido de la dirección _____
7. detesta los trabajos sedentarios _____
8. no le gusta salir a la calle _____
9. habla muy poco _____
10. detesta la química _____

C. ¿Cuál(es) de los oficios o profesiones que se ven en los dibujos asocia Ud. con las siguientes cosas?

1. billetes _____
2. direcciones _____
3. detergente _____
4. líquido para limpiar vidrio _____
5. medicinas _____
6. una brocha _____
7. una llave _____
8. una calculadora _____
9. una fórmula _____
10. un anuncio comercial _____
11. un título universitario _____
12. una comisión _____
13. un andamio _____
14. una bicicleta _____
15. una computadora _____

Del mundo hispánico (España)

Palabras útiles

bocetos
sketches

capaz
capable

fiable
trustworthy

asegurado
insured

EL FAX PERSONAL QUE NECESITABA.

Tengo mi propia empresa. Y sin un fax personal, no sé cómo podría seguir adelante. Utilizo mi Sanfax constantemente... está conectado las 24 horas del día.

El Sanfax 80 contesta llamadas y recibe documentos por sí mismo. No tengo que preocuparme de nada.

La reproducción en 16 tonos de gris permite la transmisión correcta del contraste de mis bocetos y dibujos, algo muy importante en mi trabajo.

Además, el Sanfax 80 es capaz de reducir documentos de formato grande al tamaño A4, sin perder ni un margen.

En estos momentos, el Sanfax 80 es justo lo que necesito. Pero tengo grandes planes para el futuro.

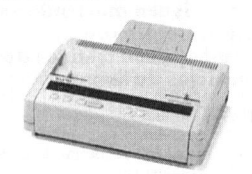

Y cuando mi negocio crezca, seguiré confiando en Sanyo. Porque Sanyo es fiable y sé que puedo contar siempre con sus servicios. Con Sanyo a mi lado, mi futuro está asegurado. Y, personalmente, eso es lo que más me interesa.

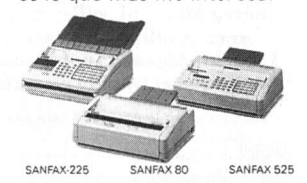

SANYO INFORMÁTICA-OFIMÁTICA
LA SOLUCIÓN INTELIGENTE.

SANYO

SANYO ESPAÑA S.A. C/. Casal de Santa Coloma no. 6, 08210 Polígono Industrial de Santiga, Barberá del Vallés, Barcelona, Tel: (93) 718.20.00. Línea gratuita de consulta: 900.301.301.

Lea el anuncio y después conteste las preguntas.

1. ¿Qué clase de empresa tiene esta mujer?

2. ¿Cuándo usa ella su Sanfax?

Capítulo 9: Hay que ganarse la vida

3. ¿Qué dos cosas importantes hace el Sanfax?

_____

4. ¿Por qué es importante para ella tener 16 tonos de gris?

_____

5. ¿Qué otra cosa es capaz de hacer el Sanfax 80?

_____

6. ¿Qué hará la mujer cuando su negocio crezca?

_____

7. ¿Qué es lo que más le interesa a ella?

_____

Gramática I

A. The subjunctive to express emotion

A. Los trabajadores reaccionan. Escoja en la columna B la frase que completa cada oración de A y cambie el verbo al subjuntivo.

	A	B
Modelo:	La bibliotecaria siente que *La bibliotecaria siente que más estudiantes no **vayan** a la biblioteca.*	más estudiantes no *ir* a la biblioteca

A

1. El cajero del banco se sorprende de que _____

2. Al lavaplatos le enoja que _____

3. El pintor de puentes tiene miedo de que _____

4. El cocinero lamenta que _____

B

a. sus enfermos no *curarse* con sus medicinas

b. no *darle* paquetes muy grandes

c. todo mi depósito *consistir* en monedas pequeñas

d. su programa *ser* tan popular

e. *haber* muchos platos sucios

f. las personas que él entrevista *decir* algo interesante

g. *llover* después que él limpió una ventana

112 Mundo unido: Cuaderno de actividades

5. El mensajero prefiere que _____
_____

6. El vendedor de automóviles se alegra

    de que _____
_____

7. El locutor está contento de que _____
_____

8. Al limpiador de ventanas le molesta

    que _____
_____

9. El farmacéutico siente que _____
_____

10. El periodista espera que _____
_____

h. el puente *caerse*

i. el guiso no *saber* bien

j. los clientes *creer* todo lo que él dice

B. Verbs creer and dudar

B. Hablando de empleos. Conteste las preguntas dos veces: primero de manera afirmativa y después de manera negativa.

Modelo: ¿Crees que el trabajo de cajero es aburrido?
<u>Sí, creo que el trabajo de cajero **es** aburrido.</u>
<u>No, no creo que el trabajo de cajero **sea** aburrido.</u>

1. ¿Crees que Pepe encontrará empleo pronto?

_____
_____

2. ¿Dudas que la mejor manera de encontrar empleo son los clasificados de los periódicos?

_____
_____

3. ¿Crees que a Pepe le gusta trabajar en una farmacia?

_____
_____

Capítulo 9: Hay que ganarse la vida

4. ¿Crees que armar un rascacielos es más peligroso que pintar un puente?

5. ¿Piensas que a Miguel lo eligirán el reportero del año?

Gramática II

A. Sequence of tenses in the subjunctive

A. Miguel entrevista a la cajera. Complete con el tiempo apropiado del subjuntivo de los verbos entre paréntesis.

1. El jefe de Miguel le mandó que _____ (ir) al banco a entrevistar a la cajera. Le dijo—Por favor, pídale a esa señorita que le _____ (contar) lo que recuerde del asalto.

2. Muy bien, señor,—contestó Miguel—espero que la señorita _____ (tener) buena memoria.

3. Miguel se sorprendió de que la cajera _____ (haber descrito) tan bien al bandido.

4. La cajera temía que el ladrón _____ (volver) al banco. Ella se habría alegrado si ya lo _____ (haber capturado).

5. Miguel le dijo que él dudaba que el ladrón _____ (volver), pero que le gustaría que lo _____ (llamar) inmediatamente al banco si eso pasaba.

6. La cajera lamentaba que varios clientes _____ (haber perdido) su dinero en el asalto.

7. Miguel comentó—Señorita, alégrese de que Ud. y los clientes _____ (estar) todavía vivos. No creo que el dinero _____ (ser) tan importante como la vida.

NOMBRE _____ FECHA _____ CLASE _____

B. Impersonal expressions with haber.

B. Marta busca empleo. Reemplace las palabras en cursiva con la forma apropiada de **haber** impersonal.

1. En el periódico *no aparecía* _____ ningún empleo apropiado para Marta y ella decidió ir a la agencia de empleos.

2. Cuando Marta llegó a la agencia, *estaban* _____ allí docenas de personas.

3. A Marta le sorprendió que *existiera* _____ tanta gente sin trabajo.

4. "¿*Tendrán* _____ aquí algo para mí?" se preguntó.

5. El señor que la entrevistó le dijo—"El mes pasado *tuvimos* _____ varias oportunidades, pero ahora no *tenemos* _____ nada para Ud. Es posible que la semana que viene *se encuentre* _____ algo.

C. Expressing obligation

C. ¿Quién tendrá qué . . . ? Las siguientes oraciones expresan obligación con la forma impersonal **haber que**. Introduzca los sujetos que se indican en cada caso y reemplace **haber que** con la forma personal **tener que** en el mismo tiempo verbal.

Modelo: **Había que** hacer un depósito. (la secretaria)
*La secretaria **tenía que** hacer un depósito.*

1. **Hubo que** romper la alcancía. (el niño)

2. **Habrá que** cambiar este cheque. (la cajera)

3. Yo no creía que **hubiera que** contar otra vez los billetes. (tú)

4. **Ha habido que** llamar a la policía. (el administrador del banco)

5. Dudo que **haya que** enviar un fax. (nosotros)

6. **Hay que** invertir bien el dinero. (ellas)

Capítulo 9: Hay que ganarse la vida **115**

7. **Había que** pagar la hipoteca. (ese cliente)

_____

8. El empleado me dijo que estaba muy ocupado y que **habría que** esperar. (yo)

_____

_____

D. En el banco. Escoja en la columna B lo que deben hacer las personas de la columna A y expréselo con **deber**.

Modelo: La cajera cuando vea entrar al asaltante
Debe activar la alarma.

A	B
1. Los clientes cuando el bandido los apunte con su rifle	a. llenar una solicitud
2. El niño que rompió su alcancía	b. tener su tarjeta del banco
3. El señor que quiere cambiar un cheque	c. esperar su turno
4. El señor que ya cambió su cheque	d. contar sus billetes
5. El empleado que necesita información sobre una cuenta	e. firmarlo al dorso
6. La señorita que quiere un préstamo	f. levantar los brazos
7. La señora que acaba de llegar al banco	g. recoger las monedas
8. El cliente que quiere usar el cajero automático	h. consultar la computadora

Capítulo 10

Repaso previo

Indefinite and negative expressions

Indefinite expressions		Negative expressions	
algo	something	**nada**	nothing
alguien	someone	**nadie**	no one
algún* (alguno/a/os/as)	some	**ningún*** (ninguno/a)**	none
alguna vez	ever	**nunca, jamás**	never
a veces	sometimes		
siempre	always		
también	also	**tampoco**	neither, not . . . either
o . . . o	either . . . or	**ni . . . ni**	neither . . . nor

* **Algún** and **ningún** precede masculine nouns.
** **Ninguno/a** have plural forms, but they are very seldom used.

Observations

1. It is very common in Spanish to use several negative words in the same sentence.

   Tú **no** haces **nunca nada** por **nadie**. — You never do anything for anyone.
   —¿Quieres jugar al tenis? — "Do you want to play tennis?"
   —Lo siento. **No** tengo **ni** raqueta **ni** pelota. **No** sé jugar **tampoco**. — I'm sorry. I don't have either a racket or a ball. I don't know how to play either.

2. When a negative expression follows the verb, **no** must precede the verb. **No** is omitted if the negative expression precedes the verb. The pattern with **no** preceding the verb is more common.

   No juego **nunca** al tenis.
   Nunca juego al tenis.
   } I never play tennis.

117

Práctica previa

Una persona negativa. Victor es una persona muy pesimista y siempre contesta las preguntas de manera negativa. Conteste como él lo haría.

1. ¿Vas algunas veces a los juegos de béisbol?
   _____

2. ¿Quieres nadar o montar en bicicleta hoy conmigo?
   _____

3. ¿Te gusta algún deporte?
   _____

4. ¿Les gustan los deportes a algunos amigos tuyos?
   _____

5. Yo siempre voy al cine con mis amigos. Y tú, ¿vas alguna vez al cine con alguien?
   _____

6. Te preguntaré también sobre música. ¿Te gusta?
   _____

7. Veo que no te gustan ni los deportes, ni el cine, ni la música. ¿Te ha gustado algo de verdad alguna vez?
   _____

8. ¿Podré encontrar de algún modo una actividad apropiada para ti?
   _____

9. ¿Hay alguien en alguna parte tan negativo como tú?
   _____

10. ¿Crees que de alguna manera alguien podrá hacer algo para que seas más positivo?
    _____

Vocabulario y expresión

A. En el hospital. Complete con las palabras correspondientes a los números que aparecen en la escena.

En la sala de urgencias, le dan 1_____ a una señora que sufrió un ataque

2_____. Una 3_____ tiene una 4_____ en

la mano y va a 5_____ a un 6_____ que trajeron en una

NOMBRE _____ FECHA _____ CLASE _____

7_____, mientras un doctor le pone una 8_____. Otro doctor le quita unos 9_____ a un paciente. Una joven 10_____ contra un árbol y tiene un 11_____ enorme en la frente y un ojo 12_____. Una niña tiene 13_____ de sol y la doctora le pone 14_____. Un chico que llegó hace dos horas con una pierna 15_____, la tiene ahora 16_____. Al lado del chico hay dos 17_____ que él necesita para caminar. Hay un viejo en una 18_____ y un doctor examina su 19_____.

B. Hablando del Rey Juan Carlos y su familia. Encuentre en la lista las expresiones sinónimas de las palabras en cursiva.

1. El Rey *se levanta temprano*.

   _____

2. El abuelo del Rey organizaba *competencias* de autos.

   _____

3. El Rey y la Princesa Cristina salieron *sin heridas* del accidente.

   _____

a. amedrentan
b. carreras
c. echó a
d. es aficionado a
e. ilesos
f. los tripulantes

Capítulo 10: Los deportes **119**

4. Los accidentes no *asustan* al Rey.
_____

5. *A* Juan Carlos *le gustan mucho* los vehículos de motor.
_____

6. El Rey *se cayó* cuando esquiaba.
_____

7. Un ojo *se puso negro* por el accidente.
_____

8. Cuando Juan Carlos y *los marineros* navegaban en un *bote de vela* en un lago de Italia, hubo una *tempestad*.
_____

9. Cuando terminó el partido, el Rey *empezó a* correr.
_____

10. La Princesa Cristina *practica la natación*.
_____

g. madruga
h. nada
i. se le amorató
j. sufrió una caída
k. tormenta
l. velero

C. **¿De qué o de quién hablo?** Encuentre en la lista las palabras correspondientes a las descripciones de personas en (A) y de cosas en (B).

A

_____ 1. Este hombre evita que las personas se ahoguen.

_____ 2. La mujer se mueve rápidamente en el agua.

_____ 3. ¡Pobre chico! No sabía nadar y tragó mucha agua.

_____ 4. Este joven de brazos fuertes mueve su bote rápidamente.

_____ 5. El hombre hace movimientos ágiles y elegantes sobre el hielo.

_____ 6. La señorita se desliza con gracia en la nieve.

B

_____ 7. Lo llevo en la cabeza cuando nado en la piscina.

_____ 8. Lo llevo en la cabeza cuando monto en mi motocicleta.

_____ 9. Es el punto final de una competencia.

_____ 10. Se forma cuando el agua del mar se mueve.

_____ 11. El nadador se para en esta tabla para tirarse al agua.

_____ 12. El agua se hace sólida cuando la temperatura es muy baja.

a. el ahogado
b. el casco
c. la esquiadora
d. el gorro de baño
e. el hielo
f. la meta
g. la nadadora
h. la ola
i. el patinador
j. el remero
k. el salvavidas
l. el trampolín

NOMBRE _____ FECHA _____ CLASE _____

Del mundo hispánico (México)

Televisa es el nombre de un grupo de canales de televisión mexicanos. Lea esta lista de programas de Canal 4, que se especializa en deportes, y después conteste las preguntas.

TELEVISA

1. Sabiendo que "Eco Internacional" es un programa de noticias, ¿quién cree Ud. que son Ramón Fregoso, Guillermo Ortega y Mayra Saucedo?

   _____

2. ¿Quiénes compiten en la competencia de fútbol para niños?

   _____

3. ¿Cómo sabemos que los partidos de tenis y de béisbol que se ven en este canal no son mexicanos?

   _____
   _____

4. ¿Qué es la Copa América?

   _____

5. ¿Qué países compiten en la competencia de fútbol, y qué lugar discuten ellos?

   _____
   _____

6. ¿En qué deporte compite Ricardo López?

   _____

7. ¿Qué cree Ud. que significa "Copa América (Cápsula)"?

   _____

8. ¿De qué manera puedan expresarse en español las horas 0:05, 21:00, 16:45, 1:35?

   _____
   _____

4

El canal

de la

Copa

América

ECO INTERNACIONAL

7:00 Con RAMON FREGOSO

8:00 Con GUILLERMO ORTEGA

9:00 Con MAYRA SAUCEDO

10:00 FUTBOL RAPIDO (Torneo Infantil)

Instituto Oriente vs. Colegio Monte Sinaí

11:00 TENIS DE WIMBLEDON

14:00 BEISBOL GRANDES LIGAS

"RANGERS" de TEXAS

vs. "TIGRES" de DETROIT

16:45 ESCUELA DEL AMERICA (Especial)

17:00 ESPECIAL COPA AMERICA

18:00 FUTBOL INTERNACIONAL

(Copa América por el 3o. y 4o. lugar)

ECUADOR vs. COLOMBIA

21:00 FUNCION DE BOX

Desde la Arena Coliseo y Campeonato

Mundial Paja CMB.

Ricardo López vs. Saman Turong Sorja

24:00 COPA AMERICA (Cápsula)

0:05 FUTBOL RAPIDO PROFESIONAL

SACRAMENTO vs. MONTERREY

1:35 PROGRAMA ESPECIAL (RTC)

AL TERMINAR

ECO REVISTA

4

Diario

Capítulo 10: Los deportes **121**

Gramática I

A. Impersonal expressions

A. Deportes acuáticos. Añada la expresión impersonal que se indica en cada caso y cambie el verbo al subjuntivo si es necesario.

Modelo: El hielo **está** suficiente sólido para patinar. Es poco probable que . . . <u>el hielo esté suficientemente sólido para patinar.</u>

1. ¡*Hay* tantas olas! ¡Es una lástima que . . . _____

2. *Hay* peligro para los nadadores por las muchas olas. Es evidente que . . . _____

3. El velero *llega* a la meta antes que los otros. Es imposible que . . . _____

4. Agustín *rema* muy bien. Es cierto que . . . _____

5. El niño se *tira* de un trampolín muy alto. Es increíble que . . . _____

6. El mar *es* muy hondo en esta zona. Es verdad que . . . _____

7. Un nadador se *ahoga* en poca agua. Es poco probable que . . . _____

8. Se *necesita* un bote para practicar el esquí acuático. Es obvio que . . . _____

9. La embarcación se *hunde*. Es difícil que . . . _____

10. No *entro* en el agua inmediatamente después de comer. Es mejor que . . . _____

NOMBRE _____ FECHA _____ CLASE _____

B. Indefinite antecedents

B. ¿Indicativo o subjuntivo? Complete, decidiendo entre el presente de indicativo y el presente de subjuntivo en el grupo a y el imperfecto de indicativo y el imperfecto de subjuntivo en el grupo b.

Grupo a:

1. ¿Conoces a algún atleta que no _____ (gozar) de perfecta salud?

2. Los jugadores de nuestro equipo _____ (seguir) las órdenes con disciplina. Un jugador que no _____ (seguir) las órdenes causa muchos problemas.

3. Necesitamos remeros. ¿Puedes recomendarnos a varios jóvenes que _____ (remar) bien?

4. Busco una compañera de tenis, pero quiero una persona que _____ (jugar) bien. ¿_____ (jugar) tú bien?

5. —¿Existe algún esquiador que no se _____ (haber) caído nunca?
   —No, todos los esquiadores se _____ (haber) caído alguna vez.

Grupo b:

6. Para el equipo de basquetbol, buscaban jugadores que _____ (medir) más de seis pies.

7. Tenía un compañero de cacería que no _____ (conocer) mucho las armas de fuego y quería encontrar uno que _____ (ser) un experto.

8. Buscábamos una bicicleta que _____ (ser) barata, y todas las bicicletas que veíamos _____ (costar) mucho.

9. Querían un piloto que _____ (poder) arreglar el motor, pero el único piloto que encontraron, no _____ (saber) mecánica.

10. Puse un anuncio en el periódico pidiendo un asistente que _____ (saber) nadar.

Capítulo 10: Los deportes **123**

C. Haré lo que hiciste. Guillermo siempre imita a sus amigos en todo. Exprese que Guillermo va a hacer lo que hicieron o hacen sus amigos.

    Modelo: Juan va al médico cuando no se siente bien.
                    Guillermo irá al médico cuando *no se sienta bien.*

1. Hortensia tomó las medicinas que le recetó el doctor Pérez.

    Guillermo tomará las medicinas que _____.

2. Alonso siguió la dieta que su doctor le aconsejó.

    Guillermo seguirá la dieta que _____.

3. Alonso también hizo los ejercicios que le recomendaron.

    Guillermo también hará los ejercicios que _____.

4. Manolo se pone ungüento cuando tiene quemaduras de sol.

    Guillermo se pondrá ungüento _____.

5. Clara se ponía una venda cada vez que le dolía una pierna.

    Guillermo se pondrá una venda cada vez que _____.

6. Marta fue al hospital que estaba más cerca cuando tuvo un accidente.

    Guillermo irá al hospital que _____.

Gramática II

A. Comparisons of superiority

A. Haga comparaciones de superioridad con los elementos que se dan. Cambie la terminación del adjetivo si es necesario.

    Modelo: (serio) un caso de congelación / un ojo morado
                    Un caso de congelación es más serio que un ojo morado.

1. (doloroso) una rodilla rota / un chichón

NOMBRE _____ FECHA _____ CLASE _____

2. (cómodo) una silla de ruedas / dos muletas

3. (peligroso) un ataque al corazón / una quemadura de sol

4. (simple) una operación de apendicitis / un operación de corazón abierto

5. (eficaz [*effective*]) una inyección de antibióticos / una pomada

B. El accidente de mi novio. Exprese en español.

1. My boyfriend is a good athlete, as good as I (am) and even better.

2. I have had so many accidents while practicing sports that I forgot the number. However, I haven't had as many accidents as my boyfriend.

3. My boyfriend's last accident was the most serious of all.

4. It was a fall from a horse. I didn't know that horseback riding could be so dangerous. On the contrary, I thought it was less dangerous than most (**la mayoría de**) other sports.

5. He only had (use **no . . . más que**) one serious wound but they gave him more than one hundred stitches.

Capítulo 10: Los deportes **125**

B. Formas especiales de comparación

C. Mis hermanas y yo. Complete usando la forma especial de comparación apropiada en cada caso.

1. Mi hermana Teresita es pequeña, pero mi hermana Lucy tiene sólo trece años. Ella es mi hermana _____.

2. Las dos, Teresita y Lucy, juegan bien al tenis, pero Lucy juega _____.

3. Yo juego mal al tenis, pero nado muy bien. Por el contrario, mi hermana Carmen juega al tenis _____ que yo, pero nada mucho _____.

4. Mis otras hermanas van poco a la playa, y Carmen va a la playa aun _____ que ellas, por eso no nada bien.

5. Yo tengo diecinueve años y Carmen veintiuno. Ella es mi hermana _____.

6. Mis hermanas tienen muchos amigos, pero yo soy un tipo muy sociable y tengo _____.

C. The superlative

D. Eventos deportivos. Forme construcciones superlativas con los elementos que se dan. Use el tiempo verbal que considere más apropiado.

Modelo: la pelea del domingo / interesante / campeonato
La pelea del domingo será la más interesante del campeonato.

1. las carreras de ciclismo de Colombia / famoso / Sudamérica

2. la lucha libre / brutal / peleas

3. el partido de hoy / mejor / año

4. el surf / difícil / deportes acuáticos

5. el Pacífico / agitado / océanos

NOMBRE _____ FECHA _____ CLASE _____

6. el patinaje en hielo / elegante / deportes

   _____

7. el alpinismo / peligroso / ejercicios

   _____

8. tirarse del trampolín en una piscina sin agua / peor / accidentes

   _____

   _____

D. The absolute superlative

E. Mis experiencias con el esquí. Complete con la forma superlativa de las palabras entre paréntesis para expresar la idea de *extremely* en inglés.

1. Aunque no esquío muy bien, he tomado clases de esquí por un tiempo (largo) _____.

2. Mi instructora de esquí es una mujer (simpático) _____.

3. También es una persona (amable) _____.

4. Sus padres son (rico) _____, pero da lecciones porque le encanta el esquí.

5. Me levanto (temprano) _____ cuando voy a esquiar.

6. Las laderas cubiertas de nieve se ven (blanco) _____ y yo bajo (rápido) _____ por ellas.

7. En contraste con la nieve, los pinos se ven (verde) _____.

8. A veces me caigo y quedo en posiciones (cómico) _____.

9. En realidad, paso momentos (feliz) _____ esquiando.

10. Para mí, el esquí es un deporte (divertido) _____.

Capítulo 10: Los deportes **127**

Capítulo 11

Repaso previo

Review of common verbs that are irregular in the subjunctive

You are familiar with most of the verbs in the following list, since they have been presented in previous lessons grouped according to their irregularities (stem changes, spelling changes, etc.) Only first-person forms are given here since, in the subjunctive, all persons in a tense share the same stem.

Remember that, as explained in the *Repaso previo* of Chapter 4, the imperfect subjunctive has the same stem as the third-person plural of the preterite: **supie**ron > **supie**ra or **supie**se.

Infinitive	Present	Imperfect*	Infinitive	Present	Imperfect*
andar	ande	**anduviera**	pagar	**pague**	pagara
apagar	**apague**	apagara	parecer	**parezca**	pareciera
averiguar	**averigüe**	averiguara	poder	**pueda**	**pudiera**
buscar	**busque**	buscara	poner	**ponga**	**pusiera**
caber	**quepa**	**cupiera**	producir	**produzca**	**produjera**
caer	**caiga**	**cayera**	querer	**quiera**	**quisiera**
conocer	**conozca**	conociera	reconstruir	**reconstruya**	**reconstruyera**
convencer	**convenza**	convenciera	reír	**ría**	**riera**
costar	**cueste**	costara	saber	**sepa**	**supiera**
desaparecer	**desaparezca**	desapareciera	salir	**salga**	saliera
divertir(se)	**divierta**	**divirtiera**	seguir	**siga**	**siguiera**
estar	**esté**	**estuviera**	ser	**sea**	**fuera**
haber	**haya**	**hubiera**	servir	**sirva**	**sirviera**
hacer	**haga**	**hiciera**	tener	**tenga**	**tuviera**
huir	**huya**	**huyera**	tocar	**toque**	tocara
ir	**vaya**	**fuera**	traer	**traiga**	**trajera**
oír	**oiga**	**oyera**	venir	**venga**	**viniera**
oler	**huela**	oliera	ver	**vea**	**viera**
oponerse	**oponga**	**opusiera**	volver	**vuelva**	volviera

* The alternate form with **s** (e.g., **anduviese, averiguase**) won't be practiced here since it is less common than the form with **r**, especially in Spanish America.

Práctica previa

A. Un anuncio comercial. Cambie los infinitivos al presente de subjuntivo.

¡Señora! ¿Quiere Ud. que sus arrugas 1_____ (desaparecer) en unos pocos días y su piel 2_____ (parecer) veinte años más joven? ¿Busca Ud. un producto que no 3_____ (costar) una fortuna, que 4_____ (caber) en una cartera pequeña, que 5_____ (oler) a perfume caro, que no 6_____ (producir) reacciones alérgicas, pero, sobre todo, que de verdad 7_____ (poder) darle una piel joven en muy poco tiempo? ¡Pues no 8_____ (buscar) más! Sólo se necesita una semana para que Ud. se 9_____ (convencer) de la calidad de nuestra crema "Juventud". Deje que "Juventud" 10_____ (hacer) por Ud. lo que ya ha hecho por millones de mujeres. No 11_____ (caer) Ud. en la trampa de las promesas falsas. 12_____ (Huir) de las cremas que no le garantizan sus resultados. Nosotros le devolvemos su dinero si no está totalmente satisfecha. 13_____ (Averiguar) entre sus amigas. Ellas seguramente usan la crema "Juventud". Deje que "Juventud" 14_____ (reconstruir) su piel. Y 15_____ (volver) a sentirse joven.

B. En otras palabras. Ahora imagine que Ud. resume para un amigo las palabras del anunciador, y reconstruya en el pasado parte del nuncio.

1. El anunciador se dirigía a mujeres que querían que sus arrugas _____ y su piel _____ veinte años más joven.

2. Ellas buscaban una crema que _____ en una cartera pequeña y que _____ darles una piel joven en muy poco tiempo.

3. El anunciador dijo que se necesitaba sólo una semana para que "Juventud" _____ por una mujer lo que ya había hecho por millones.

4. El anunciador les pidió a las mujeres que no _____ en la trampa de las promesas falsas y que _____ de las cremas que no les garantizaban sus resultados.

5. También les pidió que _____ entre sus amigas.

6. Y terminó aconsejándoles que dejaran que "Juventud" _____ su piel.

C. Un episodio de telenovela. Complete este episodio, cambiando los infinitivos al tiempo apropiado del subjuntivo.

Susana y Damián cenan en un restaurante. Es el cumpleaños de él, y Susana le pidió al camarero que, de postre, 1_____ (traer) un pastel con velitas.

DAMIÁN: ¿Por qué pediste que 2_____ (servir) este pastel? Todo el mundo me está mirando como si yo (*imp. subj.*) 3_____ (ser) un marciano. Algunos se ríen. Parece mentira que no me 4_____ (conocer) mejor y no 5_____ (saber) que detesto que la gente se 6_____ (reír) de mí.

SUSANA: Pero, Damián, yo sólo quería que tú 7_____ (tener) una sorpresa y que 8_____ (saber) que recordaba tu cumpleaños. Pensé que cuando (tú) 9_____ (ver) el pastel, te ibas a alegrar. No creí que esto 10_____ (ir) a molestarte.

DAMIÁN: Pues, sí, me molesta. Si (tú) (*imp. subj.*) 11_____ (estar) enamorada de mí, lo comprenderías. ¿No querrás también que (yo) 12_____ (apagar) las velas, verdad? (*Sarcástico*) Ahora, me gustaría que todos 13_____ (venir) a nuestra mesa a cantar "Cumpleaños feliz". Puedes sugerirles además que 14_____ (tocar) una cinta con nuestra canción, para que el ambiente se 15_____ (poner) romántico y (nosotros) la 16_____ (oír) tomándonos las manos.

SUSANA: (*Llorando*) Te amo desde hace años, pero fue necesario este incidente para que te 17_____ (conocer) bien. Dudo que 18_____ (haber) otro hombre tan desconsiderado y cruel. Nunca pude conseguir que mis padres te 19_____ (querer). Me parecía injusto que (ellos) se 20_____ (oponer) a que (nosotros) 21_____ (andar) juntos. Pero ahora veo que tenían razón. (*Se pone de pie.*) No te importará que yo 22_____ (salir) sola del restaurante, ¿verdad? No 23_____ (pagar) (tú) la cuenta, yo le dije al camarero que lo 24_____ (poner) todo en mi tarjeta de crédito. Espero que (tú) 25_____ (seguir) celebrando tu cumpleaños solo y que te 26_____ (divertir) mucho. Adiós, Damián.

Capítulo 11: Los espectáculos **131**

Vocabulario y expresión

A. Descripciones. Complete estas descripciones con las palabras correspondientes a los números que aparecen en las escenas.

1. En la 1_____, un letrero indica que todos los 2_____ están 3_____. Un hombre quería comprar un boleto y 4_____

NOMBRE _____ FECHA _____ CLASE _____

violentamente con la taquillera. La taquillera le explica que hay un 5_____

dentro del teatro, porque la obra es muy popular.

   Un hombre más afortunado que consiguió boleto, entra en el teatro en este momento.

Un 6_____ le indica el lugar donde está su 7_____.

2. Dentro del teatro, ya subieron el 8_____ y comenzó la función. En el

9_____, hay un piano. Las manos de la 10_____ se

movieron hace poco ágilmente sobre el 11_____ tocando una pieza

romántica. Pero ahora ella tiene una confrontación dramática con el

12_____ y le da una 13_____.

   Desde un 14_____, una señora 15_____. A un hombre

no le gusta esto y 16_____.

B. Acciones. Escoja la acción de la lista que expresa mejor
cada situación.

_____ 1. Los actores practican varias veces antes de la función.   a. abrazar

_____ 2. Cuando vio que ella lloraba, él sacó su pañuelo del bolsillo.   b. asistir

_____ 3. No se veían desde hacía tiempo. Cada uno pone los brazos   c. ensayar
         alrededor del cuerpo del otro para demostrar afecto.
                                                                            d. fingir
_____ 4. Es hipócrita. Sonríe cuando me ve, pero sé que
         me detesta.   e. secarle las
                                                                               lágrimas
_____ 5. Claro que voy a ir. Nunca falto a esa clase de función.

C. Adjetivos. Escoja el adjetivo más apropiado para cada
situación, y escriba un comentario original usando este adjetivo.

Modelo: Cuando voy a un concierto de rock, tengo que taparme los oídos. (ensordecedor)
          La música de los conciertos de rock es ensordecedora.

            cursi   malvado
            emocionante   ruidoso
            entretenido   tranquilo
            lento

1. Al final de la película, muchas personas tenían lágrimas en los ojos.

_____

_____

Capítulo 11: Los espectáculos   **133**

2. El bolero se baila muy despacio.

3. Ella llevaba un vestido rojo fosforescente y botas blancas.

4. La protagonista es una persona tímida, que habla muy poco.

5. En la fiesta, todos hablaban y se reían al mismo tiempo y esto me dio un terrible dolor de cabeza.

6. Me divierto mucho viendo ese programa.

7. Ese personaje es cruel y hace sufrir a todo el mundo.

C. **Comentando sentimientos.** ¿Es Ud. un buen sicólogo? Haga un diagnóstico escogiendo en cada caso la palabra más apropiada de la lista.

_____ 1. Su madre le hizo prometer solemnemente que no se casaría con Andrés.

_____ 2. Él fue muy malo conmigo, pero no voy a tomar venganza, al contrario, trataré de excusarlo.

_____ 3. Elena dice que Lucía es aburrida y desagradable y que se siente mal cuando está con ella.

_____ 4. Lo detesta tanto, que sería capaz de matarlo.

_____ 5. Esta señora le hace favores a todo el mundo, nunca habla mal de nadie y ayuda a los pobres.

a. antipatía
b. bondad
c. calumnia
d. cariño
e. celos
f. crueldad
g. duda

NOMBRE _____ FECHA _____ CLASE _____

_____ 6. Ahora hace daño (*harm*) a las personas, pero ya de niño divertía torturando animales.

_____ 7. Él dijo que Azucena había copiado en el examen, aunque sabía que no era verdad.

_____ 8. Las hermanas tuvieron un problema serio hace muchos años, y desde entonces no se hablan.

_____ 9. Vio a su novio hablando con otra chica, y pensó que la estaba invitando a salir.

_____ 10. Son amigos desde hace años, siempre están juntos y se ayudan en todo.

_____ 11. Me dijeron que Sara me robó el dinero; no lo creo completamente, pero tampoco estoy segura de su inocencia.

_____ 12. No quiere recordar nada. Trata de borrar de su memoria los incidentes desagradables.

h. juramento

i. odio

j. olvido

k. perdón

l. rencor

Capítulo 11: Los espectáculos **135**

Del mundo hispánico

Palabras útiles

por mucho que haga
no matter how hard I try

probado
tried

ladré
I barked

me quedé ronco
I was hoarse

Solo, Triste y Abandonado

"Durante la semana mis amos me tratan como un rey. Pero cuando llega el sábado me hacen sentir solo, triste y abandonado."

"La razón es Sábado Gigante. Desde el momento que empieza Sábado Gigante, no hay manera de moverlos del frente de la televisión y por mucho que haga, no me prestan atención. He probado todo. La semana pasada ladré desde que comenzó el programa hasta que se terminó, y el resultado fué que me quedé ronco por dos días."

"En realidad, Sábado Gigante es bastante divertido y Don Francisco es el gran animador, pero yo prefiero que ellos me saquen a pasear. Este sábado voy a probar una nueva táctica... les voy a esconder el control remoto."

Sábado Gigante. Todos los Sábados 7pm/6pm Centro.

Univisión

Lea este anuncio y después conteste las preguntas.

1. ¿Cómo tratan al perro sus amos durante la semana?
   _____

2. ¿Qué hacen los amos cuando empieza "Sábado Gigante"?
   _____

3. ¿Por qué se quedó ronco el perrito?
   _____

4. ¿Qué piensa el perro de "Sábado Gigante" y de Don Francisco?

5. ¿Qué prefiere el perrito?

6. ¿Cuál es la nueva táctica que va a probar él?

Gramática I

Subjunctive in adverbial clauses and conjunctions of time

A. En el ensayo. La directora del balet folklórico da instrucciones a sus bailarines. Complete lo que ella les dice usando la forma apropiada de cada infinitivo.

1. Seguiremos ensayando hasta que . . . (todos los números / estar perfectos)

2. Todos tienen que estar vestidos quince minutos antes de que . . . (la función / comenzar)

3. Deben salir al escenario en cuanto . . . (yo / decirles)

4. El telón va a levantarse tan pronto como . . . (los músicos / comenzar a tocar)

5. Saluden al público cuando . . . (el número / terminar)

6. Tienen que permanecer en escena mientras . . . (la gente / aplaudir)

7. La orquesta se irá después de que . . . (el público / salir del teatro)

B. Después de la función. Un día después de la función, la directora estaba muy contenta porque fue un gran éxito. Ella le contó a un amigo lo que hicieron todos. Repita lo que ella le contó al amigo, cambiando al pasado las oraciones del ejercicio anterior.

1.

Capítulo 11: Los espectáculos

2. _____

3. _____

4. _____

5. _____

6. _____

7. _____

C. ¿Qué va a pasar en el concierto de rock? Conteste las preguntas, usando en su respuesta las claves que se dan.

Modelo: ¿Levantarán las pancartas? (para que / todos / ver el nombre de Los Extraterrestres)
*Sí, levantarán las pancartas para que todos **vean** el nombre de Los Extraterrestres.*

1. ¿Devolverán el dinero de las entradas? (en caso de que / el concierto / cancelarse)
_____

2. ¿Se celebrará el concierto el sábado? (a menos que / el guitarrista principal / enfermarse)
_____

3. ¿Instalarán amplificadores más potentes? (para que / la música / oírse mejor)
_____

4. ¿Podrá filmarse el concierto para la televisión? (con tal de que / los reflectores / funcionar)
_____

5. ¿Les permitirán quedarse a los chicos que pelean? (a condición de que / no pelear más)

6. ¿Podrá grabar tu amigo el concierto? (sin que / el policía / verlo)

D. ¿Y qué pasó en el concierto? Usando las respuestas del ejercicio anterior como base, exprese qué pasó usando verbos en el pasado.

1.
2.
3.
4.
5.
6.

Gramática II

Subjunctive and indicative in *if*-clauses

A. Los sueños de Luisita. Luisita quiere ser actriz y protagonizar telenovelas. Complete los sueños de Luisita escogiendo la frase más apropiada en cada caso y conjugando los infinitivos.

a. mi agente sugerírmelo
b. haber estudiado drama en la universidad
c. protagonizar una telenovela
d. ser una actriz famosa
e. hacerme (ellos) una prueba
f. una estación importante de televisión darme un contrato

Capítulo 11: Los espectáculos **139**

1. Yo actuaría mejor si . . .

   _____

2. Yo podría tener una oportunidad de actuar en televisión si . . .

   _____

3. Demostraría que tengo talento si . . .

   _____

4. Trabajaría con guapos galanes si . . .

   _____

5. Cambiaría mi nombre por un nombre profesional si . . .

   _____

6. Ganaría mucho dinero si . . .

   _____

7. Viviría una vida de lujo (*luxury*) si . . .

   _____

Use of *como si*

B. Parece así, pero no lo es. Complete, basándose en la información que se da en cada caso.

En el ballet folklórico:

1. Ya no *hay* boletos en la taquilla.
   El hombre insistió en comprar un boleto como si . . .

   _____

2. El turista está en un teatro, no *está* en la playa.
   El turista llevaba pantalones cortos como si . . .

   _____

3. El turista *había llegado* tarde a la función.
   El turista entró en el teatro como si no . . .

   _____

4. La bailarina principal no *es* mexicana.
   La bailarina principal baila los bailes mexicanos como si . . .

   _____

NOMBRE _____ FECHA _____ CLASE _____

5. La acomodadora *oye* bien.
   El hombre le explicaba a la acomodadora que el asiento estaba roto y gritaba como si la acomodadora no . . .

En el concierto de rock:

6. No *se permite* grabar en los conciertos.
   El joven trajo su grabadora al concierto como si . . .

7. El sistema de amplificadores no *funciona* bien.
   Los Extraterrestres comenzarán el concierto como si . . .

8. El policía que mantiene el orden en el concierto no *lleva* revólver.
   El policía actúa con mucha seguridad, como si . . .

9. El cantante de Los Extraterrestres tenía gripe y *había perdido* la voz.
   El cantante se preparaba para cantar como si no . . .

10. El concierto *había terminado*.
    Los fanáticos se quedaron en el auditorio como si el concierto no . . .

Capítulo 11: Los espectáculos *141*

Capítulo 12

Repaso Previo

Repase los verbos irregulares que se presentaron en los repasos previos de los capítulos precedentes, y haga los siguientes ejercicios.

Práctica previa

A. Habla un viajero. Complete con el presente de los infinitivos que se indican.

Yo (soler) 1_____ viajar mucho. (Conocer) 2_____ la mayoría de los países hispánicos y (encontrar) 3_____ difícil decir cuál es mi país favorito. (Pensar) 4_____ que cada país (tener) 5_____ algo especial. Siempre que (poder) 6_____ les (contar) 7_____ a mis amigos sobre mis viajes y les (mostrar) 8_____ fotografías y películas. Muchos amigos (entretenerse) 9_____ mucho con esto, me (pedir) 10_____ que les preste los vídeos y los (volver) 11_____ a ver en su casa.

B. Mi tía Engracia y mis viajes. Cambie los infinitivos de esta narración al presente de subjuntivo o al tiempo que se indica en cada caso.

Vivo con mi tía Engracia, que es una persona muy negativa. Cada vez que me ve preparando un viaje, comienza a bombardearme con sus ideas aprensivas. Me dice, por ejemplo:

No (poner) 1_____ tantas cosas en la maleta. No creo que (caber) 2_____. Es probable que (tú: perder) 3_____ el avión. No llegarás a tiempo a menos que (tú: salir) 4_____ inmediatamente. Bueno,

143

(conditional) (valer) 5_____ más que (imperfect subj.) lo (tú: perder)

6_____, porque es posible que el avión (caerse) 7_____. Si tú (imperfect subj.) (saber) 8_____ lo peligroso que es volar, (conditional) (no viajar) 9_____ nunca en avión. Espero que el piloto (no dormirse) 10_____. Le pediré a Dios que (bendecir) 11_____ tu viaje y que (tú: no morir) 12_____ en un accidente de aviación. Cuando (tú: volver) 13_____, si (present indicative) (volver), 14_____ quiero que me (traer) 15_____ varias cosas, pero (no adquirir) 16_____ objetos caros, porque es probable que (perderse) 17_____, y tampoco cosas frágiles, porque es posible que (quebrarse [break]) 18_____.

A. Irregular preterites

C. Conversaciones que se oyen en un aeropuerto. Cambie los verbos en cursiva al pretérito.

1. Me *pongo* _____ la chaqueta que *traigo* _____ porque hace frío aquí.

2. —¿*Vienes* _____ sola?

   —Sí, Pablito se *siente* _____ mal y no *quiere* _____ venir.

3. —*Hay* _____ una confusión con la hora de salida del avión. ¿Cómo la *sabes* _____ tú?

   —*Voy* _____ al mostrador de información.

4. —¿*Andan* _____ ellos al aeropuerto o *vienen* _____ en taxi?

   —No, *conducen* _____ su coche.

5. El niño se *duerme* _____ y, como no *puedo* _____ despertarlo, lo *traigo* _____ en su cochecito.

6. En la oficina de cambios, le *doy* _____ el dinero al empleado y él me *hace* _____ un recibo.

B. Irregular Past Participles.

D. Cómo están ahora? Exprese los estados que resultan de las acciones pasadas.

Modelo: En la aduana **descubrieron** el contrabando.
El contrabando está descubierto.

1. *Envolví* bien la vasija, pero *se rompió* en el viaje.

2. El auxiliar de vuelo *abrió* la puerta.

3. Ya *hice* mis maletas.

4. *Escribí* mi nombre en una etiqueta y la *puse* en mi maleta.

5. El empleado me *resolvió* el problema que tenía con mi pasaje.

6. *Revolvieron* todas mis maletas buscando drogas.

7. El mecánico *cubrió* la pantalla con una tela.

8. El pobre perrito *murió* durante el vuelo.

Vocabulario y expresión

A. Crucigrama.

Horizontales

2. Persona que arregla motores, máquinas, etc.
6. Maleta muy grande.
7. El hombre que lleva mis maletas.
9. Mujer auxiliar de vuelo.
11. Material con que se hacen vasijas.
12. Objeto de goma que se infla.
14. Polvo gris que produce un cigarrillo al fumarlo.
15. No aceptar, poner a un lado.
16. Persona que hace volar un avión.
17. Sustancia gris que sube en el aire.

Verticales

1. Partes que componen una escalera.
3. Hombre que no ve.
4. Objeto que se usa para pesar.
5. Pájaro de cola larga originario de Centroamérica.
8. Bajar a tierra un avión.
10. Algo no común que sorprende mucho.
11. Playa donde voy de vacaciones.
12. Acción del agua cuando cae poco a poco.
13. Oficina que examina los productos que entran en un país.

B. Un amigo contradictorio. Ud. tiene un amigo que siempre lo contradice. Escriba lo que diría su amigo para cada una de las siguientes frases.

1. El avión va a *aterrizar* ahora y voy a *recibir* a mis padres.

   _____

2. Quiero *cancelar* mi asiento en ese vuelo.

   _____

3. Prefiero un asiento de *ventanilla*.

   _____

4. La habitación 105 es para *una sola persona* [no use *dos personas*].

   _____

5. Ese niño es muy *amable y cortés*.

   _____

6. Tenemos que *facturar* el equipaje.

   _____

Gramática I

A. Placement of adjectives

A. Crónicas de viaje. Coloque los adjetivos en el lugar apropiado. ¿Antes o después? Añada y si es necesario.

1. Era una (tropical) _____ tormenta _____. El (pequeño / de motor) _____ bote _____ en que íbamos se movía como un juguete de las (furiosas) _____ olas _____. El (fuerte) _____ viento _____ golpeaba la (frágil) _____ embarcación _____. Los (asustados) _____ pasajeros _____ se agrupaban en silencio. María, que era una (religiosa) _____ mujer _____, rezaba.

2. San Juan del Río es un (muy pintoresco) _____ pueblo _____ de (estrechas / muy antiguas) _____ calles _____. Por ellas pasan constantemente (callejeros [*street*]) _____ vendedores _____ anunciando su mercancía.

Capítulo 12: Viajando por el mundo hispánico

Algunos andan a pie [*on foot*]; otros, en (viejos) _____ carros _____ tirados por (pacientes) _____ mulos _____.

B. ¿Qué dicen Laura y Rosario? Ponga los adjetivos en el lugar apropiado. Haga cambios en los adjetivos si es necesario.

1. (viejo) Laura y Rosario se conocen desde hace muchos años. Cuando Laura me presentó a Rosario, me dijo: "Esta es una _____ amiga _____".

2. (único / único) Laura y Rosario no han viajado mucho. Costa Rica es el _____ país _____ que han visitado. Ellas dicen que es un _____ país _____.

3. (pobre / bueno) Las chicas viajaban con poco dinero. Escogieron un hotel barato porque eran unas _____ turistas _____. Pero, aunque el hotel no costaba mucho, Laura me dijo que era un _____ hotel _____.

4. (antiguo / antiguo) Es un _____ hotel _____. Se llama "Las Brisas", pero las chicas dicen que su _____ nombre _____ era "Hotel Imperial".

5. (viejo / pobre) En la excursión había turistas de diferentes edades. La mayoría eran jóvenes, pero también iban _____ personas _____. Una señora, especialmente, siempre se cansaba cuando salía a caminar con el grupo. Rosario le dijo una vez al guía: "Esta _____ señora _____ parece muy cansada".

6. (grande / grande) Cuando las chicas regresaron de su viaje, comentaron: "Costa Rica no es un _____ país _____, pero es un _____ país _____".

NOMBRE _____ FECHA _____ CLASE _____

B. Adjectives used as nouns

C. ¿Un viaje a Iquitos? Elimine los sustantivos, usando sólo una combinación de artículo y adjetivo. Haga cambios en el artículo y el adjetivo si es necesario.

Modelo: la gente pobre → *los pobres*

El anuncio del periódico decía que (las personas interesadas) 1_____ en un viaje a Iquitos debían llamar para recibir información. Soy profesor, y esa tarde les pregunté a mis estudiantes dónde estaba Iquitos. (Los únicos estudiantes) 2_____ que localizaron a Iquitos en el Perú fueron Bob y Alicia, que son (los mejores estudiantes) 3_____ de la clase.

Fui en persona a la agencia de viajes. Cuando entré, (un hombre viejo) 4_____ conversaba con (una mujer joven) 5_____. (El hombre viejo) 6_____ le explicaba a la muchacha que (los ciudadanos norteamericanos) 7_____ no necesitaban visa para viajar al Perú, pero que su esposo era francés y (las personas francesas) 8_____ sí necesitaban visa.

Por fin decidí no ir a Iquitos. La jungla es apropiada para (la gente joven) 9_____ que buscan aventuras, pero no para (las personas sedentarias) 10_____ como yo.

D. Se necesita intérprete. Una agencia de publicidad lo/la contrata a Ud. para traducir al español los pies (*captions*) de las fotografías de un folleto de viajes. ¿Cómo expresaría Ud...?

1. This is Viña del Mar, the elegant Chilean resort on the Pacific coast. The best thing about Viña del Mar is (**son**) its blue, cool, transparent waters.

   _____
   _____
   _____
   _____

2. The green and exuberant Amazon jungle offers an infinite variety of tropical birds. These beautiful and multicolored parrots are a good example.

   _____
   _____

Capítulo 12: Viajando por el mundo hispánico

3. If you like ancient things [no use **cosas**], the visit to the hidden, mysterious ruins of Machu Picchu will be the most interesting part of your trip to Perú.

4. Cochabamba, the old and traditional Bolivian town, attracts foreign students because of its moderate climate and the prestigious, well-known university of San Simón.

5. The best part of our tour to Argentina is Bariloche, where the adventurous [*travelers*] can enjoy exciting mountain climbing and the quieter ones can admire the extraordinary, unique view of snow-covered peaks.

NOMBRE _____ FECHA _____ CLASE _____

Del mundo hispánico (Estados Unidos)

Este anuncio es de una compañía que envía dinero a Hispanoamérica. En este capítulo estamos viajando por diferentes países pero, ¿puede Ud. reconocer las banderas de los países hispanoamericanos? (Si no puede, busque información en la biblioteca, en una enciclopedia, por ejemplo.) Escriba junto a cada número el nombre del país correspondiente. Como la foto no tiene colores, se dan aquí los nombres de los colores.

1. (amarillo, azul, rojo) _____

2. (rojo, blanco, rojo) _____

3. (azul, blanco, azul) _____

Capítulo 12: Viajando por el mundo hispánico **151**

4. (verde, blanco, rojo) _____

5. (azul, blanco, rojo) _____

6. (azul, blanco, rojo) _____

7. (azul, blanco, azul) _____

8. (azul, blanco, azul) _____

9. (amarillo, azul, rojo) _____

10. (azul, blanco, azul) _____

11. (blanco, rojo, azul) _____

12. (amarillo, azul, rojo) _____

Ahora lea el anuncio y conteste las preguntas.

1. ¿Qué países no están representados aquí?

   _____

2. ¿Qué significa, en su opinión, "servicio de mensajería"?

   _____

3. ¿Qué dice este anuncio con respecto a RIA en la República Dominicana?

   _____

4. Si quiero enviar dinero a Hispanoamérica utilizando esta compañía, ¿qué tengo que hacer?

   _____

Gramática II

A. *Que* and *quien(es)*

A. Reemplace **que** por **quien(es)** en el siguiente diálogo cuando sea posible. Añada una preposición si es necesario.

PEDRO: —Mira, Bill, éste es el folleto de viajes a España de *que* _____ te hablé. Me

lo prestó Sebastián, *que* _____ lo consiguió en la agencia de viajes. ¿Te

acuerdas de Sebastián? Es el amigo *que* _____ te presenté el verano pasado.

BILL: —Sí, lo recuerdo. ¿Va él también a España?

PEDRO: —Sí, pero no conmigo. Las personas con *que* _____ viaja son profesores y alumnos de su universidad. El profesor Castilla, *que* _____ es su consejero,

es la persona *que* _____ organiza el viaje.

BILL: —¡Ah! Conozco al profesor Castilla. Es el señor *que* _____ escribió el texto

de español que uso.

B. *Lo que* and *lo cual*

B. Cinco amigos con problemas. Lea la explicación que cada amigo da de su problema y reemplace **lo que** con **lo cual** cuando sea posible. Añada una preposición si es necesario.

1. Soy un poco sordo y frecuentemente no oigo *lo que* _____ dice la gente, *lo que*

   _____ crea confusión.

2. Pues yo oigo bien, pero no sé mucho español, y a veces no comprendo *lo que*

   _____ explica el profesor, *lo que* _____ es un problema serio.

3. Lo que me pasa a mí también es malo. Nunca recuerdo los nombres de la gente, *lo que*

   _____ a veces me hace sentirme ridículo. Voy a presentar a dos personas en una

   fiesta, olvido sus nombres y no sé *lo que* _____ voy a decir.

4. Pues yo soy miope, *lo que* _____ me crea problemas porque no reconozco las

   caras.

5. Mi problema es muy diferente, pero es también serio. Soy adicto a las compras, *lo que*

   _____ hace que no tenga nunca dinero.

C. Questions with *qué, cuál(es)* and *cuál(es) de*

C. ¿Qué preguntaron? Haga una pregunta para cada respuesta, decidiendo entre **qué, cuál(es)** y **cuál(es) de**.

1. _____

   El perro guía es el que va con el ciego.

2. _____

   Manuel Rodríguez es auxiliar de vuelo, no es piloto.

3. _____

   La diferencia principal entre una maleta y un baúl es que el baúl es más grande.

4. _____

El número de mi vuelo es el 202.

5. _____

El baño de las mujeres es el que dice "damas".

6. _____

Lodo es una mezcla de tierra y agua.

7. _____

La ventaja de comprar un boleto de ida y vuelta es que se ahorra dinero.

8. _____

Una casa de cambio es una oficina donde cambian dinero de diferentes países.

9. _____

El mostrador de información es el que está a la derecha.

10. _____

Una pareja es un grupo de dos personas.

11. _____

La línea aérea en que viajo es la Suramericana de Aviación.

12. _____

No sé el número de teléfono de Suramericana; pregúntaselo a la telefonista.

Manual de laboratorio

Capítulo 1

Vocabulario y comprensión auditiva

A. You will hear the following incomplete sentences on tape. Choose the correct completion from the list on the right. Repeat the correct answer after the speaker.

1. Al principio no comprendía, pero después me di _____   aparte
2. Cuando sé el secreto de algo, digo que tengo la _____   apuntes
3. Al final de mis estudios recibiré un título de _____   asistir
4. Generalmente, los médicos escriben con mala _____   bata
5. Para indicar un nuevo párrafo digo punto y _____   catedrático
6. El profesor explica cosas importantes y yo tomo _____   clave
7. En España, un chico que estudia mucho se llama _____   cuenta
8. Cuando hablo de la clase, un sinónimo de ir es _____   derecho
9. Si un estudiante no aprueba una asignatura, recibe un _____   empollón
10. Como quiero ser abogado, sigo la carrera de _____   letra
11. El padre de Ramón enseña en la universidad; es _____   licenciado
12. Cuando voy al laboratorio siempre llevo _____   suspenso

B. Listen to the following passage twice and try to get the gist of it. Don't look at your manual to read it unless absolutely necessary. Then you will hear a series of questions about the passage that are *not* in your manual. Choose the correct answer from the two choices given below. Repeat the correct answer after the speaker.

Armando va a la universidad cinco días a la semana. Sus asignaturas este semestre son Inglés, Filosofía, Matemáticas y Español. Su primera clase comienza a las ocho de la mañana. Armando no tiene clases entre las once y la una. Durante estas dos horas, revisa sus apuntes, subraya lo importante con un resaltador y borra sus errores en los ejercicios.

Hoy, después de almorzar, Armando se encuentra con su amigo Pablo en el parque que está frente a la biblioteca. Armando está sentado con las piernas cruzadas sobre su mochila; Pablo conversa parado con los brazos cruzados. Lejos de ellos, al fondo del parque, dos niños juegan al escondite y uno de ellos está escondido detrás de un árbol. Una estudiante, asomada a una ventana de la biblioteca, mira al niño y a su amigo.

A la una, Armando va a su última clase. Nunca falta a esta clase, porque las matemáticas son muy difíciles para él. Como es un poco miope, se sienta en la primera fila, porque así puede ver bien los problemas que el profesor resuelve en la pizarra.

1. ...
   a. Armando toma Español, Inglés, Filosofía y Matemáticas.
   b. Armando toma Inglés, Sociología, Matemáticas y Español.

2. ...
   a. Armando no tiene clases a las dos.
   b. Armando no tiene clases entre las once y la una.

3. ...
   a. Armando revisa sus apuntes, subraya lo importante con un resaltador y borra sus errores en los ejercicios.
   b. Armando borra sus apuntes, revisa lo importante con un resaltador y subraya sus errores en los ejercicios.

4. ...
   a. Armando se encuentra con Pablo frente a la biblioteca.
   b. Armando se encuentra con Pablo al fondo del parque.

5. ...
   a. Armando está parado con los brazos cruzados.
   b. Armando está con las piernas cruzadas sobre su mochila.

6. ...
   a. Los niños juegan al escondite.
   b. Los niños están asomados a la ventana.

7. ...
   a. Armando no falta nunca a su última clase porque las matemáticas son difíciles para él.
   b. Armando no falta nunca a su última clase porque le gustan las matemáticas.

8. ...
   a. Armando se sienta en primera fila para oír mejor al profesor.
   b. Armando se sienta en primera fila porque es un poco miope.

9. ...
   a. El profesor escribe fórmulas matemáticas.
   b. El profesor resuelve problemas.

C. Comprando material escolar. Bill is buying school supplies, but he doesn't know the names of many items in Spanish and has to explain or give a definition of the items he needs. As you hear the following explanations, help him by supplying the names of the items. Then repeat the correct answer after the speaker.

1. La necesito para multiplicar rápido.
   . . .
2. Quiero comprar esto porque a veces escribo con lápiz y me gusta que la punta sea fina.
   . . .
3. Cometo muchos errores cuando escribo con lápiz y necesito borrarlos.
   . . .
4. También cometo muchos errores cuando escribo con el bolígrafo; por eso necesito esto.
   . . .
5. Llevo muchos libros a la universidad y quiero comprar esto para transportarlos.
   . . .
6. Me gusta subrayar las partes importantes de mis apuntes y por eso quiero comprar esto.
   . . .
7. No es para mí; es para que mi profesor escriba en la pizarra.
   . . .
8. También es para el profesor; para que borre la pizarra al terminar la clase.
   . . .
9. Necesito esto para mi cuarto, para poner los papeles que tiro a la basura (*garbage*).
   . . .
10. También se llama portafolio; es un regalo de todos los estudiantes para la profesora.
    . . .

Gramática I

Uses of the present tense

A. En un futuro inmediato. The following incomplete sentences all refer to actions that will take place in the near future. You will hear an infinitive on tape for each action. After you hear the infinitive, give the appropriate form of the present tense. Then listen to the complete sentence and repeat it after the speaker.

1. (Yo) _____ mañana al laboratorio.
   . . .
2. (Yo) _____ mi tarea esta noche.
   . . .
3. (Yo) _____ con mis amigos el sábado.
   . . .
4. (Yo) _____ los libros a la biblioteca el lunes.
   . . .
5. (Yo) _____ ese problema más tarde.
   . . .

6. (Yo) _____ ver a mi consejero la semana que viene.
   . . .

7. (Yo) _____ este ejercicio después.
   . . .

8. Te _____ el domingo.
   . . .

9. (Yo) _____ a casa a las seis.
   . . .

10. (Yo) _____ una dieta el primero de enero.
    . . .

B. Peticiones. With the following phrases make requests in the form of questions to a person you would address with **tú**. Then repeat the correct answer after the speaker.

1. querer llevar los libros a la biblioteca
   . . .

2. almorzar conmigo hoy
   . . .

3. recomendarme para ese trabajo
   . . .

4. despertarme mañana
   . . .

5. servirnos de intérprete
   . . .

6. recordarme que llame a José el lunes
   . . .

7. cerrar la puerta, por favor
   . . .

8. querer prestarme tu coche
   . . .

Gender and number of nouns

C. You will hear the following nouns on tape. After you hear a noun, indicate its gender by providing the definite article. Then repeat the correct answer after the speaker.

1. tempestad . . .
2. sacapuntas . . .
3. tijeras . . .
4. mueble . . .
5. crisis . . .
6. aula . . .
7. maletín . . .
8. problema . . .
9. verdad . . .
10. juventud . . .
11. Andes . . .
12. pasión . . .
13. drama . . .
14. pupitre . . .
15. llave . . .

NOMBRE _____ FECHA _____ CLASE _____

D. After you hear each of the following nouns, give its plural form. (Note that not all nouns will have a plural form.) Then repeat the correct answer after the speaker.

1. el rubí . . .
2. el lápiz . . .
3. la gente . . .
4. el niño y la niña . . .
5. la ropa . . .
6. las tijeras . . .
7. el cartón . . .
8. el viernes . . .
9. el oasis . . .
10. el parabrisas . . .
11. el jabón . . .
12. el dulce . . .
13. el rey . . .
14. el pan . . .
15. el profesor y la profesora . . .

Gender and number of adjectives

E. You will hear a series of adjectives followed by a noun. (Note that the adjectives are *not* in your manual.) Combine each adjective and noun, making the adjective agree in gender and number. Then repeat the correct answer after the speaker.

1. marcador . . .
2. cintas . . .
3. pupitre . . .
4. lápices . . .
5. resaltador . . .
6. tema . . .
7. gente . . .
8. hombre . . .
9. programas . . .
10. profesora . . .
11. calles . . .
12. estudiantes . . .
13. chica . . .
14. mujeres . . .
15. apuntes . . .

Gramática II

Use of *a* before a direct object

A. You will hear the following sentences on tape; each sentence is followed by a noun phrase *not* in your manual. Restate each sentence, replacing the highlighted noun phrase in your manual with the new noun phrase. Add **a** if necessary. Then repeat the correct answer after the speaker.

Capítulo 1: Entre estudiantes

Modelo: Elena oye *la música*. [su prima]
Elena oye a su prima.

1. Carla trae *los libros*.
   . . .

2. Los estudiantes buscan *el aula*.
   . . .

3. Ricardo no tiene *dinero*.
   . . .

4. Azucena visita *el museo*.
   . . .

5. Necesito ver *los apuntes*.
   . . .

6. Defiendo *mi dinero*.
   . . .

7. Detesto *las matemáticas*.
   . . .

8. Traigo *refrescos* para la fiesta.
   . . .

Direct-object pronouns

B. You will hear the following sentences on tape. Restate each sentence, replacing the direct-object noun with its direct-object pronoun. If it is possible to place the object pronoun in two positions, give both possibilities. Then repeat the correct answer or answers.

Modelo: Tengo *los libros*.
Los tengo.

1. No veo *a Alicia y a Perla* desde el año pasado.
   . . .

2. Ramón tiene *la bata del laboratorio*.
   . . .

3. ¿Traes *las carpetas*?
   . . .

4. Puedo comprar *otra mochila*.
   . . .

5. Estoy borrando *mis errores*.
   . . .

6. Subraya *estos verbos*, por favor.
   . . .

7. No traigas *el diccionario* al examen.
   ...

8. Azucena va a revisar *sus apuntes*.
   ...

9. El niño quiere poner *las tizas* debajo de la mesa.
   ...

10. Enrique, usa *la puerta de atrás* para salir, por favor.
    ...

Special uses of *lo*

C. You will hear a series of questions that do not appear in your manual. Answer them affirmatively using **lo** in your answer. Then repeat the correct answer after the speaker.

1. ...
2. ...
3. ...
4. ...
5. ...
6. ...

Capítulo 2

Vocabulario y comprensión auditiva

A. You will hear the following passage twice. Complete the missing sections the first time you hear it. Check your answers the second time.

En la mayoría de los países hispánicos, _____ vienen en la noche del cinco de enero _____ y dejan _____ para los niños. Los padres les dicen a los niños que si se _____ mal, los Reyes van a traerles _____. En algunos países, es el _____ quien trae los regalos el veinticinco de diciembre.

Otra tradición de esta época del año es la _____, un _____ delicioso de forma circular, en el que _____ una pequeña figura.

_____ pasa en los Estados Unidos con Santa Claus, los Reyes son _____ con los niños de las clases media y alta. Traen muchos juguetes _____, computadoras, _____ y otros productos de la tecnología moderna.

_____ en el pasado, los regalos eran más simples: _____, _____ de café, libros de _____ . . . No había computadoras, _____ había televisor. Los niños _____ hacían _____ con papeles de colores o teléfonos con _____ unidas por _____. Es _____ usar la imaginación y, aun sin la tecnología moderna, los niños pasaban _____ inventando juegos.

165

B. Contradicciones. You will hear the following sentences on tape. Restate each sentence, replacing the highlighted word with its opposite. Then repeat the correct answer after the speaker.

1. La hermana de Tomás es muy *gorda*.
2. Fernando es el *mayor* de los hermanos.
3. Juanita es mi *tía*.
4. Delia tiene el pelo *rizado*.
5. Mi abuelo era un hombre *alto*.
6. No sabía que estabas *casado*.
7. Todos en mi familia tienen el pelo *negro*.
8. ¿Quién va a *encender* las velas?
9. La fiesta fue muy *aburrida*.
10. Pura es la *suegra* de doña Rosa.

C. Definiciones. You will hear a series of definitions. Choose from the following list the word that fits each definition. Then repeat the correct answer after the speaker.

barba	cicatriz	globo
bastón	copa	lunar
beso	flequillo	sordo
biznieto	fósforo	viuda
calvo	gemelos	

1. ...
2. ...
3. ...
4. ...
5. ...
6. ...
7. ...
8. ...
9. ...
10. ...
11. ...
12. ...
13. ...
14. ...

D. Listen to the following dialog and try to get the gist of it. Don't look at your manual to read it unless absolutely necessary. Then you will hear a series of questions that are *not* in your manual about the dialog. Answer each question and repeat the correct answer after the speaker.

LUIS: ¡Hola, Pedro! ¿Cómo estás? Veo que vienen todos, tú, Florinda y las gemelas. Pasen. ¿Cómo estás Florinda? Y las gemelas, tan bonitas como siempre. ¿No hay un beso para el tío Luis?

GEMELAS: ¡Claro que sí, tío Luis!

PURA:	¡Hola a todos! Chicas, un beso también para la tía Pura.
PEDRO:	¿Qué tal, Luis? Te ves muy elegante, Pura. Llegamos tarde porque tuve problemas con el auto. Ayúdenme con esta bolsa, por favor.
LUIS:	Oye, pesa mucho. ¿Qué traes aquí?
PEDRO:	Regalos para doña Rosa, pero Florinda puso demasiados paquetes en la bolsa. Ella siempre hace cosas así.
FLORINDA:	Te estoy oyendo, Pedro; no hables mal de mí. ¡Hola, Purita dame un beso! ¿Qué haces?
PURITA:	Persigo a mi gatito Frisky.
PURA:	Purita, deja al gato. ¿Un poco de champán, Florinda?
FLORINDA:	Bueno. Pura, ¡qué copas tan bonitas! ¿Son nuevas?
PURA:	Pues sí, Florinda. Luis y yo se las regalamos a mamá. Luis, ¿tienes fósforos? Inés va a encender las velitas del pastel.
LUIS:	Toma los fósforos, Pura. Miren, aquí llegan Paloma y Polito felicitando a su abuela con un cartel. Polito lo hizo solo. Es un artista como su tío Fernando.

1. . . .   6. . . .
2. . . .   7. . . .
3. . . .   8. . . .
4. . . .   9. . . .
5. . . .   10. . . .

Gramática I

The preterite and the imperfect

A. Cosas que pasaron. You will hear the following sentences on tape. Restate each sentence, changing the highlighted word from the present to the preterite tense. Then repeat the correct answer after the speaker.

1. Pedro *trae* muchos regalos para doña Rosa.
   . . .

2. La familia Ruiz no *puede* llegar temprano porque *tiene* problemas con el auto.
   . . .

3. Pedro *anda* buscando un mecánico por dos horas.
   . . .

4. Fernando no *viene* con los Ruiz; él *conduce* su propio coche.
   . . .

5. Fernando *dice* que su novia no *puede* venir.
   . . .

6. Yo sé que en realidad él *no quiere* traerla.
   . . .

7. Los canapés que *sirven* en la fiesta los *hace* Inés.
   . . .

8. Todo *está* muy bueno, pero la pobre Inés *tiene* que trabajar mucho.
   . . .

9. Polito y Paloma *ponen* la mesa.
   . . .

B. Cosas que pasaban antes. You will hear José talk about the things that happen now that he is going out with Linda. Pablo will then say that the same things used to happen when he was going out with Linda. Give Pablo's version of what used to happen. Then repeat the correct sentences after the speaker.

Modelo: Yo llevo a Linda al cine los sábados.
          Yo siempre llevaba a Linda al cine los sábados.

1. —Le traigo flores a Linda todos los días.
   . . .

2. —Nosotros salimos los viernes por la noche.
   . . .

3. —Yo le hablo por teléfono todas las tardes.
   . . .

4. —Los padres de Linda me saludan con afecto cuando voy a visitarla.
   . . .

5. —Linda me abraza cuando llego.
   . . .

6. —Me gusta besar el lunar que Linda tiene cerca de la boca.
   . . .

7. —Ponemos música romántica en el tocadiscos y bailamos.
   . . .

8. —Yo toco la guitarra y le canto canciones a Linda.
   . . .

C. Interrupciones. You will hear the following groups of words. Form a sentence with each group telling how something was happening when an action interrupted it. Be sure to use **cuando** in each sentence. Then repeat the completed sentence after the speaker.

Modelo: yo / conversar con Miguel / Fernando llegar
          Yo conversaba con Miguel cuando Fernando llegó.

1. los jóvenes / bailar / la música / parar
   . . .

2. yo / estudiar en la universidad / la revolución comenzar
   . . .

3. vosotros / dormir / el teléfono / sonar
   . . .

4. Guillermo / conducir su auto nuevo / tener un accidente
   . . .

5. todos / estar en la sala / saber la mala noticia
   . . .

6. tú / vivir con tu abuela / yo te / conocer
   . . .

D. Verbs with special meanings in the preterite. Listen to the following sentences; each includes two highlighted verb options. Choose either the preterite or the imperfect option to complete the meaning of each sentence. Then repeat the correct answer.

Modelo: Paloma (quiso / quería) un televisor para su cuarto.
Paloma quería un televisor para su cuarto.

1. ¿Por qué (*hubo / había*) ayer tantas personas frente a tu casa?
   . . .

2. Porque (*hubo / había*) un accidente en mi calle.
   . . .

3. ¡Qué sorpresa! Yo no (*supe / sabía*) que Ester era tu novia.
   . . .

4. Nosotras (*conocimos / conocíamos*) a Marcos desde la niñez.
   . . .

5. Al hermano de Marcos lo (*conocimos / conocíamos*) en junio.
   . . .

6. No compramos ese regalo para Nancy porque (*costó / costaba*) doscientos pesos.
   . . .

7. El regalo que compramos para Nancy (*costó / costaba*) sólo veinte pesos.
   . . .

8. Carlos no (*quiso / quería*) ir, pero su madre lo obligó a asistir a la reunión.
   . . .

9. Ayer (*supe / sabía*) que te casabas.
   . . .

10. Le ofrecí dinero a Alberto, pero él no (*quiso / quería*) aceptarlo.
    . . .

Gramática II

The definite article

A. You will hear the number of each sentence below followed by a long pause. Read the sentence and decide if a definite article is needed in the blank(s). If so, write it in. Then repeat the correct sentence after the speaker.

1. Para _____ fiesta, adorné _____ habitación con globos, porque me encantan los globos.

2. Todos trajeron _____ regalos para doña Rosa, pero yo no tenía _____ dinero.

3. Marina viene _____ seis de junio.

4. Estaba muy cansada cuando llegué de _____ trabajo y me fui a _____ cama.

5. Esta semana trabajamos de _____ lunes a _____ jueves.

6. _____ señor Osorio, ¿conoce Ud. a _____ doctora Pérez?

7. Siempre voy a _____ iglesia los domingos, pero hoy no es _____ domingo.

8. Este verano mi familia va a _____ Florida.

9. Mi esposo es alérgico a _____ gatos, por eso no hay _____ gatos en nuestra casa.

10. Le ofrecí _____ pastel a Esperanza, pero me dijo que no le gustaba _____ pastel.

The indefinite article

B. Listen to the following questions. Respond to each by using the highlighted word(s) in your answer. Be sure to add the indefinite article wherever needed. (Use sí to respond to questions 1 and 8.) Finally, repeat the correct answer after the speaker.

1. ¿Es médico el tío de Pedro? (**médico excelente**)
   . . .

2. ¿Cuántas personas invitaron al baile? (**mil**)
   . . .

170 Mundo unido: Manual de laboratorio

3. ¿Qué fue el padre de Amalia de joven? (**cantante**)
   . . .

4. ¿Qué cosa no tenías en tu cuarto de niño o de niña? (**teléfono**)
   . . .

5. ¿Cuántos años tiene Polito más o menos? (**ocho**)
   . . .

6. ¿De qué nacionalidad es don Gerardo? (**mexicano**)
   . . .

7. ¿Cuántas libras de jamón usó Pura en esos sándwiches? (**media**)
   . . .

8. Florinda casi nunca usa sombrero, ¿es verdad que llevaba uno ayer? (**sombrero muy elegante**)
   . . .

Capítulo 3

Vocabulario y comprensión auditiva

A. You will hear two passages on tape; each passage will be repeated. Try to get the gist of what you hear; don't look at your manual to read it unless absolutely necessary. Then you will hear a series of questions. Answer them and repeat the correct answer after the speaker.

Episodio número 1:

Gloria y Pepe andaban buscando apartamento desde el mes de diciembre. Como generalmente estaban muy cansados por la tarde después del trabajo, sólo salían a ver apartamentos los fines de semana. Todos los sábados leían la sección de clasificados del periódico, marcaban los anuncios que eran más interesantes y salían temprano a la calle con el periódico en la mano.

Pronto se dieron cuenta de que era muy difícil encontrar un apartamento bueno, bonito y barato. Por ejemplo, había varios que eran muy buenos y que estaban en Bello Monte, una zona de la ciudad que a Pepe le gustaba mucho, pero todos estaban muy caros para ellos.

Los dos jóvenes estaban un poco nerviosos, porque querían casarse en el mes de mayo y ya era marzo. Era muy importante alquilar el apartamento en este mes, pues Antonio, el hermano de Gloria, estaba de vacaciones y podía ayudarlos a mudarse.

1. ...   ...
2. ...   ...
3. ...   ...
4. ...   ...
5. ...   ...
6. ...   ...

Episodio número 2:

Un sábado, por fin, vieron en el periódico un apartamento que parecía ser ideal. Una señora que dijo ser la señora Pérez los recibió y les explicó que su hermano era el dueño del edificio, pero que estaba durmiendo en ese momento. La señora Pérez estuvo hablando por media hora de su familia. Los jóvenes se estaban cansando de la situación. Por fin, la interrumpieron y pidieron ver el apartamento. La señora dijo: "Es imposible hoy, porque había muchas cucarachas y lo están fumigando".

La señora continuó hablando y contó que su hijo viajaba mucho por Europa, pero que ahora trabajaba en Caracas en una mueblería. Después habló de su marido, que estaba en el hospital. En ese momento, entró un perro ladrando. Era un perro negro, grande y feroz. Gloria usó esta oportunidad para decir que era alérgica a los perros y escapó corriendo del edificio.

1. ...   ...
2. ...   ...
3. ...   ...
4. ...   ...

5. ...   ...
6. ...   ...
7. ...   ...

B. Colocando los muebles. You and your friend Paco always have opposite opinions. Listen to what Paco says about the apartment and then say just the opposite. Repeat the correct answer after the speaker.

Modelo: PACO: Este barrio es *muy bueno.*
          UD.: *No, este barrio es **muy malo**.*

1. PACO: Hay que *desarmar* la mesa ahora.
   UD.: . . .

2. PACO: Vamos a *quitar* la mesa de aquí.
   UD.: . . .

3. PACO: Yo prefiero las mesas *cuadradas.*
   UD.: . . .

4. PACO: Primero hay que *enrollar* la alfombra.
   UD.: . . .

5. PACO: Los muebles de madera *clara* son más bonitos.
   UD.: . . .

6. PACO: Los sofás de piel son *baratos.*
   UD.: . . .

C. Sinónimos. You will hear the following sentences on tape. Restate each sentence, replacing the highlighted words with a synonym. Then repeat the correct answer after the speaker.

1. Pepe *es afortunado* de casarse con Gloria.
   . . .

2. Tengo una máquina contestadora en mi *habitación*; si no estoy, déjame *el mensaje.*
   . . .

3. Hay dos *armarios* en *el corredor* del apartamento.
   . . .

4. El sofá *de cuero* que compramos es *muy bonito.*
   . . .

5. Los apartamentos *costosos* generalmente tienen *cuarto para la sirvienta.*
   . . .

6. En invierno pongo dos *frazadas* en mi cama.
   . . .

NOMBRE _____ FECHA _____ CLASE _____

7. La mueblería nos dio *los estantes* gratis; cuando te vea te explico *los detalles*.
   . . .

8. Es horrible vivir en un quinto piso y no tener *elevador*.
   . . .

D. El uso de las cosas. You will hear a series of descriptions about using various things. From the following list, choose the word that fits each description. Then repeat the correct answer.

1. . . .	alfombra	. . .
2. . . .	almohada	. . .
3. . . .	bandeja	. . .
4. . . .	barra	. . .
5. . . .	cenicero	. . .
6. . . .	cojines	. . .
7. . . .	cortinas	. . .
8. . . .	escalera	. . .
9. . . .	estuche	. . .
10. . . .	frazada	. . .
11. . . .	funda	. . .
12. . . .	maceta	. . .
13. . . .	martillo	. . .
14. . . .	paragüero	. . .
15. . . .	velas	. . .
16. . . .	vitrina	. . .

Gramática I

Some uses of ser **and** estar

A. Mi familia y mi casa. You will hear the number of each incomplete sentence followed by a long pause. Read the sentence in your manual and choose its correct completion. Then repeat the sentence after the speaker.

1. (Soy / Estoy) Armando Smith, y (soy / estoy) estudiante de español.
   . . .

2. Mi padre (es / está) un hombre de negocios (*business*) y (es / está) de viaje con frecuencia.
   . . .

Capítulo 3: La casa **175**

3. Yo (soy / estoy) en la universidad durante el año académico pero mis cinco hermanos menores (son / están) en casa.
   . . .

4. El aniversario de mis padres (fue / estuvo) el mes pasado; yo (era / estaba) entonces de vacaciones.
   . . .

5. La fiesta para celebrarlo (fue / estuvo) en un restaurante elegante.
   . . .

6. Mi madre (fue / estuvo) enferma unos días antes, pero el día de la fiesta (era / estaba) bien.
   . . .

7. Mis padres (son / están) de Kansas, pero (eran / estaban) viviendo en el Uruguay cuando yo nací.
   . . .

8. Nací en diciembre, pero como Uruguay (es / está) al sur del Ecuador, allá (era / estaba) verano.
   . . .

9. Mi casa (es / está) de madera y (es / está) pintada de verde.
   . . .

10. Esta casa (era / estaba) originalmente de mi abuelo, quien (era / estaba) arquitecto, y (fue / estuvo) construida por él en 1940.
    . . .

11. En su testamento, mi abuelo estipuló que la casa (era / estaba) para mi madre; por eso (somos / estamos) en ella nosotros ahora.
    . . .

12. (Es / Está) evidente que mi abuelo no se imaginaba que mi madre iba a tener una familia tan grande.
    . . .

13. Mi habitación (es / está) en el ático, porque las habitaciones del primer piso (son / están) de mis hermanos.
    . . .

14. (Es / Está) mejor no seguir hablando de mi casa ahora, porque (es / está) tarde y mi examen de español (es / está) mañana.
    . . .

Ser and estar with adjectives

B. Comentando sobre los amigos. You will hear a series of incomplete sentences that are *not* in your manual. Choose the correct completion of each sentence from the two options given in your manual. Then repeat the complete sentence after the speaker.

1. . . . (era / estaba) bonita ayer con ese vestido.

2. . . . (son / están) ricos.

3. ... (es / está) triste.

4. ... (es / está) muy nerviosa.

5. ... (soy / estoy) muy cansada.

6. ... (es / está) enamorado.

7. ... (es / está) tan contento.

8. ... (es / está) sucio.

9. ... (es / está) muy alto.

10. ... (es / está) roto.

11. ... (era / estaba) frío.

12. ... (era / estaba) muy delgado.

13. ... (fue / estuvo) estupenda.

14. ... (era / estaba) muerto.

Adjectives that change meaning with ser or estar

C. You will hear a series of situations, each describing one of the following expressions. After listening to a situation, read aloud the most appropriate expression. Then repeat the correct answer after the speaker.

1. ... ... Algunos estaban vivos.
2. ... ... Era un hombre aburrido.
3. ... ... Es maduro.
4. ... ... Es muy malo.
5. ... ... Es un niño muy listo.
6. ... ... Esa chica es muy alegre.
7. ... ... Esos colores son muy vivos.
8. ... ... Está verde.
9. ... ... Estoy aburrido.
10. ... ... Estoy alegre.
11. ... ... Estoy listo.
12. ... ... Estoy malo.

Gramática II

Progressive tenses

A. You will hear the following sentences on tape. Restate each sentence, changing its verb to the progressive tense. Note that sentences 1 to 4 require a present progressive while sentences 5 to 10 require either an imperfect progressive or a preterite progressive. Then listen and repeat the correct answer after the speaker.

Modelo: Hago la cama.
Estoy haciendo la cama.

1. Pepe lee el periódico.
   . . .
2. Gloria, ¿ya vives en tu apartamento?
   . . .
3. Antonio y Pepe colocan los muebles en su sitio.
   . . .
4. La hermana de Gloria cuelga los cuadros.
   . . .
5. Buscábamos apartamento desde diciembre.
   . . .
6. Ese día fumigábamos el apartamento.
   . . .
7. Caminé por la ciudad todo el día.
   . . .
8. Gloria durmió toda la tarde.
   . . .
9. La señora Pérez les describió el apartamento.
   . . .
10. La señora habló de su familia por media hora.
    . . .

Idiomatic expressions with tener + noun

B. Situaciones. You will hear ten scenarios. Each one will be repeated. Respond to each situation by choosing the most appropriate of the following expressions. Then repeat the correct answer after the speaker.

1. . . .   . . .   Tiene mucha suerte.   . . .
2. . . .   . . .   Tiene diecinueve años.   . . .
3. . . .   . . .   Necesitas tener paciencia.   . . .
4. . . .   . . .   Tienen miedo.   . . .

5.	...	...	Tenían sueño.	...
6.	...	...	Tengo frío.	...
7.	...	...	Ten cuidado con los otros coches.	...
8.	...	...	Tú tuviste la culpa por no cerrar la puerta.	...
9.	...	...	Tenemos prisa.	...
10.	...	...	Tenía mucha hambre.	...

Capítulo 4

Vocabulario y comprensión auditiva

A. You will hear the following passage twice. As you listen the first time, complete the sections that are missing. Check your answers the second time you hear it.

Es importante _____ electricidad y agua en el hogar porque ayuda a la ecología. Hay muchas maneras de hacer esto. Por ejemplo, para _____ menos electricidad deben mantenerse limpias _____ y deben usarse _____ fluorescente. La luz fluorescente dura mucho más y _____ parte de electricidad.

El congelador tiene que estar _____, y no se debe colocar el refrigerador _____. También es bueno _____ que la _____ ya está caliente y planchar toda la ropa de una vez. _____ eléctricos consumen mucha energía; es mejor comprar _____.

Si uno llena la lavadora _____, ahorra energía y también agua. Se recomienda darle un _____ a la ropa muy sucia.

Hay que cerrar las llaves _____ las manos, al lavar los platos, al lavarse los dientes y _____.

_____ el tiempo que pasa en la regadera, porque puede gastar _____ litros de agua por minuto.

_____ los trastes _____ y lávelos lo antes posible para impedir que los restos de comida _____.

Con respecto al auto, no lo lave _____, sino con un _____.

B. Descripciones. You will hear a series of descriptions. Choose from the following list the word that fits each description. Then repeat the correct answer after the speaker. You will hear each description twice.

1. ... ahorrar
2. ... azulejos
3. ... banqueta
4. ... calentador
5. ... champú
6. ... congelador
7. ... enjuague bucal
8. ... horno
9. ... inodoro
10. ... lavabo
11. ... pantalla
12. ... rasurarse
13. ... sugerencia
14. ... tapa

C. Asociaciones. You will hear a series of sentences about home activities. Choose the word from the following list most closely associated with each activity. Then repeat the correct word after the speaker.

1. ... agarradera
2. ... aspiradora
3. ... campana extractora
4. ... cazo
5. ... escoba
6. ... esponja
7. ... guantes
8. ... lata
9. ... lejía
10. ... máquina de afeitar
11. ... secadora
12. ... tazón
13. ... toallero
14. ... toallita
15. ... tostadora

NOMBRE _____ FECHA _____ CLASE _____

D. Los trabajos domésticos. You will hear the following short narrative twice. Try to get the gist of what you hear; don't look at your manual to read it unless absolutely necessary. Then you will hear a series of questions that are *not* in your manual. Answer them and repeat the correct answer after the speaker.

Todos los sábados Carla, su hermanito Pedro y su prima María hacen quehaceres domésticos en la cocina. Cada uno tiene su trabajo favorito. Carla limpia la meseta con toallas de papel, friega y seca los platos y los coloca en el armario. Pedro trapea el piso, saca la basura y limpia la licuadora, la cafetera y el horno de microondas. María es muy chiquita para hacer trabajos grandes, pero le gusta ponerles las tapas a las ollas. Los tres sacan la ropa de la secadora y la doblan. Cuando todo está hecho, Carla lleva a Pedro y a María al parque.

1. ...   5. ...
2. ...   6. ...
3. ...   7. ...
4. ...   8. ...

E. María Milusos. You will hear the following passage twice. Listen carefully and don't look at your manual to read it unless absolutely necessary. Next, you will hear a series of statements. Decide whether each is true (**Cierto**) or false (**Falso**) and correct the false statements. Check your answers and repeat after the speaker.

Me llamo María Milusos y trabajo como sirvienta en casa de la familia Copete. ¡Cómo trabajo! A las seis de la mañana ya estoy barriendo la acera. Después, a la cocina a preparar el desayuno. Tengo que batir y cocinar los huevos, hacer el café y hervir la leche para el café con leche, poner pan en la tostadora y fregar platos y tazas.

Desayunan los Copetes y otra vez hay cosas sucias, aunque ahora las pongo en el lavaplatos.

A las ocho, cuando el señor sale para la oficina y los chicos se van a la escuela, me pongo bajo las órdenes de la señora para hacer otros trabajos en la casa. Ella me dice: "María, por favor, limpie los baños, cambie las sábanas de las camas, pase la aspiradora por todas las alfombras, limpie el polvo de los muebles y después planche la ropa que está en el canasto".

Después que termino un trabajo, la señora Copete lo inspecciona y siempre encuentra defectos: "María, vuelva a restregar estas ollas, que todavía están sucias, pase otra vez la esponja por el lavabo y los azulejos; enjuague mejor esta sartén, que tiene jabón en el mango"...

Ayer le dije a la señora Copete que dejaba el empleo. Se sorprendió mucho, mucho. Me dijo que no iba a encontrar nunca un trabajo como éste.

1. ...   6. ...
2. ...   7. ...
3. ...   8. ...
4. ...   9. ...
5. ...   10. ...

Gramática I

Polite commands

A. Ordenes para José. You will hear a series of activities that José must do or must not do; each activity is expressed with an infinitive. Restate each activity using the appropriate command form. Then, replace the direct-object noun with its direct-object pronoun. Repeat the correct sentences after the speakers. (Remember that in negative commands the object pronoun *precedes* the verb.)

Modelo: abrir una lata
Abra una lata. → *Ábrala.*

no cortar las flores
no corte las flores. → *No las corte.*

1. fregar los platos
 . . .
2. recoger las toallas
 . . .
3. sacar la basura
 . . .
4. pasar la aspiradora
 . . .
5. trapear el piso
 . . .
6. doblar la ropa
 . . .
7. guardar la ropa
 . . .
8. revolver el arroz
 . . .
9. no encender la lámpara
 . . .
10. no dejar abiertas las llaves
 . . .
11. no lavar el auto con la manguera
 . . .
12. no desconectar el refrigerador
 . . .

NOMBRE _____ FECHA _____ CLASE _____

Indirect-object pronouns

B. You will hear a series of questions. Answer each one affirmatively using direct- and indirect-object pronouns. Then repeat the correct sentences after the speaker.

Modelo: ¿Le quitaste el hielo al congelador?
Sí, se lo quité.

1. ...   ...
2. ...   ...
3. ...   ...
4. ...   ...

5. ...   ...
6. ...   ...
7. ...   ...
8. ...   ...

C. You will hear a series of statements using possessive constructions. Replace the possessives with indirect-object pronouns. Then repeat the correct answer after the speaker.

Modelo: La mujer tomó mi mano.
La mujer me tomó la mano.

1. ...   ...
2. ...   ...
3. ...   ...
4. ...   ...

5. ...   ...
6. ...   ...
7. ...   ...
8. ...   ...

D. Listen to the following sentences and replace the nouns with pronouns. Place the pronouns in two different positions. Then repeat the correct answer after the speaker.

Modelo: Estoy quitando las arrugas a la ropa.
Estoy quitándoselas. → *Se las estoy quitando.*

1. Quiero poner cortinas a las ventanas.
   ...   ...

2. Estamos sirviendo vino a los invitados.
   ...   ...

3. Queremos regalar una estufa a mamá.
   ...   ...

4. Voy a enjabonar las manos al niño.
   ...   ...

5. Vamos a mudar los muebles de Gloria.
   ...   ...

6. Necesito devolver la cafetera a Teresa.
   ...   ...

Gramática II

The subjunctive with expressions of will or wishing

A. En casa de los Copete. You will hear a series of incomplete sentences that are *not* in your manual. Make the necessary changes in the following infinitive phrases and use them to complete the sentences. Then repeat the correct answer after the speaker.

1. fregar estas ollas
   . . .   . . .
2. restregar bien esta sartén
   . . .   . . .
3. hacer todo el trabajo de la casa
   . . .   . . .
4. levantarse antes de las seis
   . . .   . . .
5. salir sin permiso
   . . .   . . .
6. no criticar su trabajo
   . . .   . . .
7. buscar otra sirvienta
   . . .   . . .
8. seguir trabajando con ellos
   . . .   . . .

Capítulo 5

Vocabulario y comprensión auditiva

A. You will hear two dialogs twice. Try to get the gist of what you hear; don't look at your manual to read it unless absolutely necessary. After each dialog, you will hear a series of questions that are *not* in your manual. Answer them and repeat the correct answer after the speaker.

Diálogo 1: *Dos turistas en Buenos Aires*

TONY: Voy a comprar un libro.

CLARA: Pero Tony, es muy tarde. ¿Las librerías no están cerradas?

TONY: No, Clara, recuerda lo que nos dijeron cuando llegamos al hotel: "Buenos Aires es una ciudad donde se puede comprar un libro después de medianoche".

CLARA: Lo recuerdo. Y también nos dijeron que es una ciudad donde se escuchan tangos a todas horas, en los bares, en la radio del vecino y silbados por los peatones.

TONY: Me gustan mucho los tangos, pero lo que me encanta de esta ciudad son sus cafés y confiterías.

CLARA: Y a mí también. ¿Por qué no vamos a conversar un rato en un café de la Recoleta?

TONY: Me parece una magnífica idea. Y en el camino, compro mi libro.

1. ... ... 4. ... ...
2. ... ... 5. ... ...
3. ... ... 6. ... ...

Diálogo 2: *Sentados en el parque*

EMILIO: Es bonito este parque, ¿verdad, Cuquita?

CUQUITA: Sí, Emilio, me encantan los canteros con tantas flores rojas, amarillas y blancas.

EMILIO: Lo más interesante es observar a la gente. Observa, por ejemplo, la cara seria del señor que lee el periódico sentado a mi izquierda. Seguramente está leyendo malas noticias. Por eso yo no compro periódicos. Pasan muchas cosas horribles en el mundo y es mejor no saberlas.

CUQUITA: Tienes razón. Pero, mira también a la señora frente a nosotros, que teje mientras conversa con su amiga. ¿Crees que son abuelas de los niños de los columpios? Son viejas para ser madres de niños tan pequeños.

EMILIO: Probablemente. Pero... mira cómo corre el señor que lleva el maletín en la mano.

CUQUITA: Corre para tomar el autobús.

EMILIO: No, Cuquita, observa al policía en la otra acera. ¿Ves el auto estacionado y el letrero de "No estacionar"? Creo que el auto es de este señor.

CUQUITA: ¡Pobre hombre! El policía va a ponerle una multa.

1. ...   ...   5. ...   ...
2. ...   ...   6. ...   ...
3. ...   ...   7. ...   ...
4. ...   ...

B. Asociaciones. You will hear a series of 15 statements. Choose from the following list the word most closely related to each statement. Then repeat the correct answer after the speaker.

el banco	la cruz	el quiosco
la cabina	la joyería	tejer
el camión de remolque	la parada	el toldo
el casco	el parquímetro	la toma de agua
el cesto de la basura	el poste de la luz	la vidriera

1. ...   ...   6. ...   ...   11. ...   ...
2. ...   ...   7. ...   ...   12. ...   ...
3. ...   ...   8. ...   ...   13. ...   ...
4. ...   ...   9. ...   ...   14. ...   ...
5. ...   ...   10. ...   ...   15. ...   ...

C. Definiciones. You will hear a series of definitions. Choose from the following list the word that fits each definition. Then repeat the correct answer after the speaker.

la añoranza	la infracción de tránsito	la pizarra
el buzón	interminable	la porteña
la cerca	el mendigo	el puerto
despejado	la paloma	el semáforo
la flecha	las persianas	el vecino

NOMBRE _____ FECHA _____ CLASE _____

1. ...   ...   6. ...   ...   11. ...   ...
2. ...   ...   7. ...   ...   12. ...   ...
3. ...   ...   8. ...   ...   13. ...   ...
4. ...   ...   9. ...   ...   14. ...   ...
5. ...   ...   10. ...   ...   15. ...   ...

D. Escena con sonido. Look at the street scene in the *Workbook* section of this chapter, page 60. You will hear some of the people pictured there talking. Identify each person; then check your answers and repeat after the speaker.

1. ...   ...   5. ...   ...
2. ...   ...   6. ...   ...
3. ...   ...   7. ...   ...
4. ...   ...   8. ...   ...

Gramática I

Verbs of the *gustar* construction

A. You will hear a number followed by a long pause. Form a sentence with each of the following groups of words. Then repeat the correct sentence after the speaker.

1. pintor / alcanzar / la pintura
   ...

2. pintor / sobrar / dos latas de pintura
   ...

3. señora Valdés / doler / los pies
   ...

4. Rosa / hacer falta / un paraguas
   ...

5. palomas / encantar / el pan
   ...

6. (yo) / molestar / el humo del cigarrillo
   ...

7. hombre / no quedar / más pan
   ...

8. niños / encantar / montar en los columpios
   ...

Capítulo 5: La ciudad **189**

B. Arturo y Rolando. You will hear a man named Arturo talk about himself, his roommate Rolando, and Rolando's relatives. Repeat to someone what Arturo said, making the necessary changes in the statements. Then repeat the correct answers after the speaker.

    Modelo: A Rolando y a mí nos gusta ir de compras.
                    A Rolando y a Arturo les gusta ir de compras.

1. ...   ...
2. ...   ...
3. ...   ...
4. ...   ...
5. ...   ...

Familiar commands

C. Pepito y su madre. You will hear the following infinitive phrases. Restate each phrase in the form of a familiar command to Pepito from his mother. Then give the command again, this time replacing the direct-object noun with its direct-object pronoun. Repeat the correct answer after the speaker.

    Modelo: mirar la luz antes de cruzar.
                    Mira la luz antes de cruzar. → *Mírala antes de cruzar.*

1. poner los papeles en el cesto
   ...   ...

2. echar las cartas en el buzón
   ...   ...

3. esperar el autobús en la esquina
   ...   ...

4. darle dinero a la mendiga
   ...   ...

5. darme la mano para cruzar la calle
   ...   ...

6. pedirle ayuda al policía si estás perdido
   ...   ...

7. no bajar muy rápido las escaleras del metro
   ...   ...

8. no dejar correr al perro entre las flores
   ...   ...

Gramática II

Demonstrative adjectives and pronouns

A. De compras en la joyería. Emilio wants to buy Cuquita a present for her birthday and takes her shopping to the jewelry store. You will hear Emilio's questions on tape; Cuquita's answers appear in English in your manual. Restate Cuquita's answers in Spanish and then repeat the correct answers after the speaker.

1. ...
   No, I prefer the (that) one that has a large ruby.
   ...

2. ...
   I like better that large one over there.
   ...

3. ...
   I prefer that necklace.
   ...

4. ...
   No, I don't like this bracelet.
   ...

5. ...
   The first ring I saw. That one over there with the ruby.
   ...

Possessive adjectives and pronouns

B. You will hear a series of possessive adjective phrases. Restate each phrase with the appropriate *article + possessive pronoun* combination. Give the two possible combinations in the case of third-person pronouns. Then repeat the correct answer after the speaker.

Modelo: las flores de Ud.
         las suyas / las de Ud.

1. ...   ...   6. ...   ...
2. ...   ...   7. ...   ...
3. ...   ...   8. ...   ...
4. ...   ...   9. ...   ...
5. ...   ...   10. ...   ...

Capítulo 5: La ciudad   *191*

Pedir and *preguntar*

C. Cosas que debes hacer en el centro. You will hear a number from 1 to 8 referring to the following sentences; each number is followed by a long pause. During the pause, choose between **pedir** and **preguntar** and complete each of the following sentences with a familiar command. Then repeat the correct answer after the speaker.

1. _____ al policía si puedes estacionar ahí tu coche.

2. _____ al empleado de la gasolinera gasolina sin plomo.

3. _____ al vendedor de periódicos cambio para el parquímetro.

4. _____ dos refrescos al camarero del café Royal.

5. Si no llevas tu coche, _____ al chofer del autobús dónde está la calle Fortaleza.

6. _____ al chofer del autobús que te deje en la calle Fortaleza.

7. _____ a los amigos que encuentres cómo están.

8. _____ también por su familia.

NOMBRE _____ FECHA _____ CLASE _____

Capítulo 6

Vocabulario y comprensión auditiva

A. You will hear the following passage twice. Complete the missing words the first time you hear it. Check your answers when you listen the second time.

El proceso de _____ en los Andes era _____ en el pasado, pero ahora se está _____. Una razón importante es la _____ de dinero. Económicamente, es _____ para los indígenas venderles a los turistas la ropa _____ por ellos y con las _____ comprar ropa occidental más barata. _____ que el indio ha adoptado la _____ occidental, se _____ visualmente con los _____ y literalmente desaparece de nuestra _____.

Los jóvenes indígenas usan hoy la ropa que está _____ en Europa y Norteamérica: pantalones azules de _____, _____ y zapatos de _____. Usan abrigo y, _____, sacos _____. Las mujeres llevan pantalones _____ _____ falda y no usan sombrero.

Hoy los caminos llegan a todos los _____ de los Andes y esto es un factor _____, porque facilita la movilidad. La educación tiene también un _____ importante. Los padres _____ insisten en que sus hijos _____ a la escuela, esperando que así tengan _____.

193

B. You will hear each of the two following passages twice. Listen carefully and don't look at your manual to read it unless absolutely necessary. After each narrative you will hear a series of statements that do *not* appear in your manual. Decide whether each is true (**cierto**) or false (**falso**) and correct the false statements. Then repeat the corrected statements after the speaker.

Primera narración: Un hombre práctico:

Me encanta viajar, pero detesto hacer maletas. Mi esposa siempre quiere hacerme la maleta, pero esto no me gusta porque a ella siempre se le olvida poner mis prendas favoritas.

Por ejemplo, no me gusta usar chaleco ni bufanda y, como generalmente viajamos en invierno, mi esposa insiste en que los lleve. También me pone siempre en la maleta un impermeable y un paraguas.

Para la noche, incluye trajes elegantes, corbatas de seda y un par de zapatos de charol porque quiere que me vista elegantemente y que vayamos a muchos lugares y restaurantes caros.

Cuando yo hago mi maleta es diferente. Siempre pongo yins para sentirme cómodo, camisas de lana de cuadros para el frío y zapatos de tenis para caminar sin dolor en los pies. Soy un hombre práctico.

1. ...   ...   6. ...   ...
2. ...   ...   7. ...   ...
3. ...   ...   8. ...   ...
4. ...   ...   9. ...   ...
5. ...   ...   10. ...   ...

Segunda narración: Pepita se hace un vestido:

Pepita compra artículos de costura porque necesita hacerse un vestido. Ella compra primero una cinta de medir, un patrón y alfileres. También va a necesitar unas tijeras para cortar la tela. Pensaba usar una tela de lana a cuadros, pero por fin decidió hacer el vestido de seda de un solo color, porque es más elegante. Escogió el azul, porque es su color favorito.

Pepita va a llevar este vestido a la fiesta de su amiga Adela. Como es invierno, va a usar medias negras y zapatos y cartera de gamuza negra. Tiene también un abrigo negro de lana y una bufanda de rayas azules que va a combinar muy bien con su vestido. ¿Y si nieva ese día? Pues si nieva, tendrá que comprar unas botas, porque las que tiene son muy viejas.

1. ...   ...   5. ...   ...
2. ...   ...   6. ...   ...
3. ...   ...   7. ...   ...
4. ...   ...   8. ...   ...

C. You will hear a series of statements that are *not* in your manual. Circle the word from each of the following choices that is most closely related to each statement. Then listen and check your answers.

194 Mundo unido: Manual de laboratorio

NOMBRE _____ FECHA _____ CLASE _____

1. ...
   a. sombrero   b. hilo y aguja   c. guantes
2. ...
   a. corbata   b. cinta   c. tela de rayas
3. ...
   a. cinturón   b. lana   c. alfiler
4. ...
   a. probarse   b. coser   c. pagar
5. ...
   a. ropa interior   b. gabardina   c. bufanda
6. ...
   a. letrero   b. lona   c. talla
7. ...
   a. el encaje   b. la gorra   c. el chaleco
8. ...
   a. tijeras   b. pañuelo   c. pieles

D. Definiciones. You will hear a series of definitions that do *not* appear in your manual. Choose from the following list the expression that fits each definition. Then repeat the correct answer after the speaker.

el bolsillo	el impermeable
los botones	la manga
el cinturón	el número
el encaje	la percha
la etiqueta	la tela de toalla
la gamuza	las zapatillas

1. ...   ...
2. ...   ...
3. ...   ...
4. ...   ...
5. ...   ...
6. ...   ...
7. ...   ...
8. ...   ...
9. ...   ...
10. ... ...
11. ... ...
12. ... ...

Capítulo 6: Maneras de vestir   *195*

Gramática I

Reflexive Constructions

A. You will hear a series of statements about Susanita's daily life that do *not* appear in your manual. Say that each activity in *your* daily life is like Susanita's. Then repeat the correct answer after the speaker.

> Modelo: Susanita siempre se despierta muy temprano.
> *Yo siempre me despierto muy temprano.*

1. ...   ...   5. ...   ...
2. ...   ...   6. ...   ...
3. ...   ...   7. ...   ...
4. ...   ...   8. ...   ...

B. Reacciones. You will hear a series of incomplete statements that are *not* in your manual. Make the necessary changes in the following reflexive constructions and use them to complete the statement. Then repeat the correct answer after the speaker.

> Modelo: Cuando Juan está aburrido y quiere hablar con alguien . . .
> reunirse con sus amigos.
> *Cuando Juan está aburrido y quiere hablar con alguien se reúne con sus amigos.*

1. ...
   reírse mucho
2. ...
   arrepentirse inmediatamente
3. ...
   alegrarse sinceramente
4. ...
   preocuparse
5. ...
   acercarse a conversar y divertirse
6. ...
   enamorarse de ella instantáneamente
7. ...
   mudarse de cuarto
8. ...
   no quitarse el abrigo

Special Use of Reflexive Constructions

C. Razones. You will hear a series of questions that are *not* in your manual. Answer each one choosing the most appropriate

NOMBRE _____ FECHA _____ CLASE _____

phrase from the following list and adapting it to the question. Then repeat the correct answer after the speaker.

   Modelo: ¿Por qué están tristes los niños?
               morírsele el gato
               Porque se les murió el gato.

írsele el autobús	acabársele el detergente
olvidársele mi número de teléfono	rompérsele las gafas
escapársele el canario	perdérsele la llave
encogérsele en la secadora	quemársele la comida

1. ... ...   5. ... ...
2. ... ...   6. ... ...
3. ... ...   7. ... ...
4. ... ...   8. ... ...

Reciprocal Constructions

D. You will hear the following sentences; then you will hear the beginning of summarizing statements that do *not* appear in your manual. Complete these statements with appropriate reciprocal constructions. Then repeat the correct answer after the speaker.

1. Yo le presto una camisa a Juan y Juan me presta una camisa a mí.
   ...
2. Alberto conoció a Lucía y Lucía conoció a Alberto.
   ...
3. Alberto ama a Lucía y Lucía ama a Alberto.
   ...
4. Alberto comprende bien a Lucía y Lucía comprende bien a Alberto.
   ...
5. Veo frecuentemente a mis amigos y mis amigos me ven frecuentemente.
   ...
6. Yo respeto a mis padres y mis padres me respetan a mí.
   ...

Gramática II

Uses of **por** and **para**

A. You will hear the beginning of the following sentence endings; these beginnings are *not* in your manual. After you hear the beginning of a sentence, add **por** or **para** and complete the statement by saying the ending. Then repeat the complete sentence after the speaker.

Modelo: Los indios hacen sombreros ... / ... ganarse la vida.
Los indios hacen sombreros para ganarse la vida.

1. ... que compres una bolsa.
2. ... mí.
3. ... amigo Ernesto.
4. ... hacer.
5. ... los indios.
6. ... un turista.
7. ... esa ruana.
8. ... semana.
9. ... envidia.
10. ... las tres.
11. ... él.
12. ... adelantado.
13. ... correo.
14. ... el parque.

NOMBRE _____ FECHA _____ CLASE _____

Capítulo 7

Vocabulario y comprensión auditiva

A. You will hear the following passage twice. Complete the missing sections the first time you hear it. Check your answers when you listen the second time.

   Olga _____ con sus amigas Luz y Pat y las _____ a comer el domingo. Las chicas dijeron que no podían _____ y que estarían allí _____. La _____ estaba de vacaciones en su pueblo. La madre de Olga prepara cosas muy _____, pero no iba a cocinar porque _____. Cocinarían Javier y Olga. —_____ —dijo ella.

   Luz explicó que la _____ llevaba _____ chicharrones, carne _____, _____ y muchas cosas más. Como éste no es un plato _____, Olga dijo que prefería preparar _____, porque tenía una _____ muy fácil. Sin embargo, Javier _____ en que hicieran _____, que es un plato de _____ típico de la costa de Colombia. También pensaban preparar una _____ de jamón o chorizo.

   Pat sólo conocía las tortillas de _____, pero ésta sería de _____. De _____, Olga sugirió _____ con queso. A Luz _____ porque es muy _____. Ella dijo como chiste: —_____, pero traeré bicarbonato de soda _____. —Temía _____ con los _____ de sus amigos.

199

B. Definiciones. You will hear a series of definitions that are *not* in your manual. Choose from the following list the expression that fits each definition. Then repeat the correct answer after the speaker.

1. el atún ...
2. la bandeja ...
3. la cajera ...
4. el cucharón ...
5. el delantal ...
6. el guardarropa ...
7. la jarra ...
8. la ostra ...
9. el pato ...
10. el tocino ...

C. Diálogos. You will hear each of the following three dialogues twice. Listen carefully and don't look at your manual to read it unless absolutely necessary. After each dialogue you will hear a series of questions that are *not* in your manual. Answer the questions after the speaker.

Primer diálogo:

NIÑO: ¡Quiero Coca-Cola!

MADRE: No, Miguelito, con la cena tienes que tomar leche.

NIÑO: Pero no me gusta la leche.

MADRE: Si no te tomas la leche, no tendrás helado de postre.

NIÑO: Bueno, me la tomo si me pides helado de chocolate.

MADRE: Muy bien, Miguelito, te pediré helado de chocolate si te comes también todas las legumbres.

NIÑO: Me comeré las zanahorias, mamá, pero tú sabes que la coliflor no me gusta.

MADRE: Bueno, cómete las zanahorias. Tienen mucha vitamina A.

1. ... ...
2. ... ...
3. ... ...
4. ... ...
5. ... ...

NOMBRE _____ FECHA _____ CLASE _____

Segundo diálogo:

SEÑORA: ¡Ay, me ha derramado el café sobre mi vestido nuevo!

CAMARERA: Lo siento mucho, señora. Ahora mismo traigo una toalla con agua para limpiárselo.

SEÑORA: Esta mancha es muy grande. No se quitará con agua.

SEÑOR: Señorita, llame al dueño. El restaurante tiene que pagar por limpiar el vestido.

CAMARERA: No es necesario llamarlo, señor. En casos como éste el restaurante siempre paga la cuenta por limpiar la ropa que se manchó.

SEÑOR: La creo. Pero de todos maneras quiero hablar con el dueño.

1. ...   ...
2. ...   ...
3. ...   ...
4. ...   ...
5. ...   ...

Tercer diálogo:

CAMARERO: ¿Están listos para pedir los señores?

SEÑOR: Sí, tráigame sopa de pollo, carne asada y puré de papas. Mi esposa quiere coctel de camarones y langosta.

CAMARERO: ¿No quieren Uds. ensalada?

SEÑOR: Sí, tráiganos ensalada de tomate, lechuga y aguacate.

CAMARERO: ¿Qué aderezo quieren en la ensalada?

SEÑOR: Los dos queremos aceite y vinagre.

CAMARERO: ¿Y qué van a beber? Tengo un vino español Marqués del Riscal de un año muy bueno.

SEÑOR: Bueno, tráiganos de ese. Vino tinto para mí y blanco para mi esposa.

CAMARERO: Muy bien. ¿Algo más?

SEÑORA: Aquí faltan cubiertos. Traiga un cuchillo y una cucharita, por favor.

SEÑOR: Y ponga más panecillos en la cesta del pan.

CAMARERO: Con mucho gusto.

SEÑORA: ¡Ah! Mire, esta copa está sucia.

CAMARERO: Lo siento mucho, señora. Ahora mismo se la cambio.

1. ...   ...   5. ...   ...
2. ...   ...   6. ...   ...
3. ...   ...   7. ...   ...
4. ...   ...   8. ...   ...

Capítulo 7: ¡Que aproveche! ***201***

Gramática I

The future and the conditional

A. Preparando la cena. You will hear a series of questions that use **ir a** + *infinitive*; these questions do *not* appear in your manual. Answer them affirmatively using the future tense. Then repeat the correct answer after the speaker.

1. ...   ...
2. ...   ...
3. ...   ...
4. ...   ...
5. ...   ...
6. ...   ...

B. Dos camareras chismosas. Two waitresses at the restaurant *Los molinos* are gossiping about several people who have just arrived. You will hear the following observations made by one of the waitresses. Then you will hear clues about the conjectures of the second waitress; these do *not* appear in your manual. Express the second waitress's conjectures in the future tense and repeat the correct answer after the speaker.

Modelo: No he visto a estas personas en el restaurante antes.
         ser clientes nuevos
         Serán clientes nuevos.

1. Es un grupo grande de personas.
   ...
2. Todos llevan abrigos de pieles.
   ...
3. La abuela no ve bien.
   ...
4. Le hablan al camarero por señas (*in sign language*).
   ...
5. No han pedido carne.
   ...
6. Dejaron cien dólares de propina.
   ...
7. Comen muy rápido y han terminado de comer muy pronto.
   ...
8. Piden dos taxis para irse.
   ...

C. You will hear the following sentences. After you hear a sentence, change the first verb to the preterite and the second verb to the conditional. Then repeat the correct answer after the speaker.

Modelo: El hombre **dice** que no **dejará** propina.
*El hombre **dijo** que no **dejaría** propina.*

1. Creo que mi madre preferirá la tortilla de chorizo.
   . . .
2. Pienso que el vestido se manchará con el vino.
   . . .
3. Tomás dice que pagará en efectivo.
   . . .
4. Prometo que no pediré postre.
   . . .
5. Olga asegura que convidará a sus amigas.
   . . .
6. Digo que yo pagaré la cuenta.
   . . .

D. Más conjeturas. Your friends had guests for dinner last night. You will hear the following details about their dinner. Then you will hear some additional clues about their dinner that do *not* appear in the manual. Make conjectures using the conditional and the clues you hear. Then repeat the correct answer after the speaker.

Modelo: Tu amigo no comió nada.
no gustarle la comida
No le gustaría la comida.

1. Compraron pimientos en el supermercado.
   . . .
2. Compraron muchas clases de mariscos.
   . . .
3. Se cayeron varias tazas al piso.
   . . .
4. Me pidieron prestadas (*borrowed*) tres sillas.
   . . .
5. Pusieron platos hondos en la mesa.
   . . .
6. Frieron las papas en mantequilla.
   . . .

Capítulo 7: ¡Que aproveche! **203**

7. Ninguno comió postre.
   . . .

8. Lavaron a mano los platos.
   . . .

Gramática II

The *se*-construction as substitute for the passive voice

A. Un anuncio del restaurante *Los molinos*. You will hear the following information as detailed in a restaurant's brochure. After you hear a sentence, change the verb to the **se**-construction. Then repeat the correct answer after the speaker.

Modelo: Hablamos español.
          Se habla español.

1. Hacemos reservaciones por teléfono.
   . . .

2. Aceptamos tarjetas de crédito.
   . . .

3. Guardamos los abrigos en el guardarropa.
   . . .

4. Cambiamos el menú todos los días.
   . . .

5. Servimos postres exquisitos.
   . . .

6. Contratamos recientemente más camareros.
   . . .

7. No abrimos los lunes.
   . . .

8. Cerramos a las dos de la mañana.
   . . .

9. Organizamos banquetes.
   . . .

10. Acabamos de renovar el comedor principal.
    . . .

B. Enseñando a Julita. You are expecting company for dinner and are teaching your little niece to be a good hostess. You will hear the following infinitive instructions for Julita. After you listen to each, change the infinitive to the **se**-construction.

1. Poner el cuchillo a la derecha y poner el tenedor a la izquierda.
   . . .

2. Colocar la servilleta sobre el plato.
   . . .
3. Lavar las frutas antes de servirlas.
   . . .
4. Sacar la mantequilla del refrigerador media hora antes.
   . . .
5. Servir los canapés en una bandeja.
   . . .
6. Enfriar el vino blanco.
   . . .
7. Adornar la mesa con flores.
   . . .
8. Saludar a todo el mundo amablemente.
   . . .

Spanish equivalents of *but*

C. Hablando de comida. You will hear the beginning of each of the following sentence endings. These beginnings do *not* appear in your manual. After you listen to the beginning, link it to its ending by adding **pero, sino, sino que,** or **menos.** Then repeat the correct sentence after the speaker.

1. . . .
   _____ en una cesta.
2. . . .
   _____ mi madre cocina mal.
3. . . .
   _____ carne molida.
4. . . .
   _____ no me gustaban los calamares.
5. . . .
   _____ calamares.
6. . . .
   _____ se hierven.
7. . . .
   _____ también le dimos una propina.
8. . . .
   _____ cerveza.
9. . . .
   _____ tengo mi tarjeta de crédito.

10. . . .
   _____ también le pone pimienta.
11. . . .
   _____ los dulces.
13. . . .
   _____ la comida.

NOMBRE _____ FECHA _____ CLASE _____

Capítulo 8

Vocabulario y comprensión auditiva

A. You will hear three short passages that do *not* appear in your manual. Listen again as each passage is repeated and then followed by a series of questions that do *not* appear in your manual. Answer the questions and repeat the the correct answer after the speaker.

Primera narración: Marta García y su familia:

1. ...   ...
2. ...   ...
3. ...   ...
4. ...   ...
5. ...   ...
6. ...   ...

Segunda narración: Los insectos:

1. ...   ...
2. ...   ...
3. ...   ...
4. ...   ...
5. ...   ...
6. ...   ...

Tercera narración: La naturaleza:

1. ...   ...
2. ...   ...
3. ...   ...
4. ...   ...
5. ...   ...

6. ...   ...

7. ...   ...

8. ...   ...

B. You will hear a series of statements that are *not* in your manual. Circle the word from each of the following choices that is most closely related to each statement. Then listen and check your answers after the speaker.

1. ...
   a. criollos   b. caballitos   c. gigantes
2. ...
   a. creció   b. fracasó   c. advirtió
3. ...
   a. no sobrevivieron b. se cruzaron   c. se alimentaron
4. ...
   a. negocio   b. finca   c. residencia
5. ...
   a. alimentación   b. instrucción   c. educación
6. ...
   a. divertido   b. sencillo   c. complicado
7. ...
   a. espantapájaros   b. cerca   c. granero
8. ...
   a. conejo   b. cabra   c. rana
9. ...
   a. inundación   b. cabra   c. arcoiris
10. ...
   a. asistencia   b. sendero   c. puntería

C. You will hear a series of incomplete statements that do *not* appear in your manual. Choose from the following list the word that completes each sentence. Then repeat the completed statements after the speaker.

1. ...   la abeja
2. ...   un bosque
3. ...   bueyes
4. ...   el granero
5. ...   margaritas
6. ...   la montura
7. ...   los nidos

8. ...	paja
9. ...	un potro
10. ...	pozo
11. ...	una red
12. ...	las semillas
13. ...	sendero
14. ...	el tronco

D. Los animales y su familia. You will hear a series of definitions about animal families that do *not* appear in your manual. Complete each definition with the appropriate words. Then repeat the correct answer after the speaker.

1. ...   ...
2. ...   ...
3. ...   ...
4. ...   ...
5. ...   ...
6. ...   ...
7. ...   ...

Gramática I

The perfect tenses

A. Listen to the following sentences. After you hear a sentence, restate it twice; change the verb to the present perfect the first time and to the pluperfect the second time. Then repeat the correct answer after the speaker.

Modelo: Ordeño las vacas muy temprano.
          He ordeñado las vacas muy temprano.
          Había ordeñado las vacas muy temprano.

1. Pongo las semillas en la tierra.
   ...   ...

2. Decimos que es aburrido vivir en el campo.
   ...   ...

3. El pobre ternerito se muere.
   ...   ...

4. Adela caza mariposas.
   ...   ...

Capítulo 8: ¡Vamos al campo!   **209**

5. Los pájaros hacen su nido.
   . . .   . . .

6. El potro rompe la cerca y escapa.
   . . .   . . .

7. ¿Vuelves a la finca?
   . . .   . . .

8. Las gallinas ponen muchos huevos.
   . . .   . . .

The future perfect to express conjecture or probability

B. Listen to the following sentences. After you hear a sentence, change the verb to the future perfect and form a question that expresses probability or conjecture. Then repeat the correct answer after the speaker.

Modelo: No sé si Agustín le dio comida al perro.
          ¿Le habrá dado Agustín comida al perro?

1. Creo que Marta García se mudó a la ciudad.
   . . .

2. Los hombres iban a cortar el árbol.
   . . .

3. No sé si Juan ordeñó la vaca.
   . . .

4. Las hormigas transportaban al gusano.
   . . .

5. El niño quería tirarle una piedra al pájaro.
   . . .

6. El conejo quería comer la zanahoria.
   . . .

7. No sé si hubo una inundación en la finca.
   . . .

8. Queremos terminar el trabajo antes del sábado.
   . . .

Gramática II

Weather expressions

A. You will hear a series of descriptions about the weather that are *not* in your manual. Circle the expression from the following list that is most closely related to each description. Then repeat the correct expression after the speaker.

1. ... Hace mucho viento.

2. ... Hace buen tiempo.

3. ... Hay luna.

4. ... Truena.

5. ... Llovizna.

6. ... Hace mucho sol.

7. ... Nieva.

8. ... Relampaguea.

Hacer in time expressions

B. You will hear the following information about past events. Use an expression with **hace** and say how long ago each event took place. Then repeat the correct answer after the speaker.

Modelo: Sembré estas plantas a principios de abril. / Estamos a principios de junio.
Hace dos meses que sembré estas plantas.

1. Mi padre compró la finca en 1980. / Estamos en 1997.
   . . .

2. Fuimos a pescar el domingo pasado. / Hoy es domingo otra vez.
   . . .

3. El ranchero ensilló los caballos a las siete. / Son las diez.
   . . .

4. Las mulas cruzaron el puente a las tres. / Son las tres y media.
   . . .

5. Pintamos el granero el lunes. / Hoy es viernes.
   . . .

6. Tuvimos vacaciones en julio. / Estamos a finales de agosto.
   . . .

7. El abuelo limpió el pozo en marzo. / Estamos en junio.
   . . .

Expressing states and conditions

C. You will hear a series of sentences expressing the result of a previous action. Listen and answer each question that follows affirmatively. Note that neither the sentences nor the questions appear in your manual. Change the ending of the past participle if necessary and then repeat the correct answer after the speaker.

Modelo: Los arbustos ya están plantados. ¿Y el árbol?
El árbol está plantado también.

Capítulo 8: ¡Vamos al campo! **211**

1. ...   5. ...
2. ...   6. ...
3. ...   7. ...
4. ...   8. ...

NOMBRE _____ FECHA _____ CLASE _____

Capítulo 9

Vocabulario y comprensión auditiva

A. Definiciones. You will hear a series of definitions that do *not* appear in your manual. Choose from the following list the trade or profession that fits each definition. Then repeat the correct answer after the speaker.

1. ...   consejero
2. ...   farmacéutico
3. ...   impresor
4. ...   laboratorista
5. ...   lavaplatos
6. ...   locutor
7. ...   mecánico
8. ...   mensajero
9. ...   periodista
10. ... programador
11. ... secretario bilingüe
12. ... taxista

B. ¿Qué necesito? You will hear about a series of situations that do *not* appear in your manual. Choose from the following list what the person needs in each situation. Then repeat the correct answer after the speaker.

1. ...   una alarma
2. ...   una alcancía
3. ...   una caja de seguridad
4. ...   un cajero automático
5. ...   una calculadora

6. ... una cuenta corriente

7. ... un estado de cuenta

8. ... un fax

9. ... una grapadora

10. ... una hipoteca

11. ... una moneda

12. ... una tarjeta de identificación

C. Diálogos. You will hear three dialogs that do *not* appear in your manual. Listen again as each dialog is repeated. Then you will hear a series of questions that also are *not* in your manual. Answer them and repeat after the speaker.

Primer diálogo: Entrevista a una testigo:

1. ... ...   5. ... ...
2. ... ...   6. ... ...
3. ... ...   7. ... ...
4. ...

Segundo diálogo: El accidente de Alfredo:

1. ... ...   4. ... ...
2. ... ...   5. ... ...
3. ... ...   6. ... ...

Tercer diálogo: El cajero automático:

1. ... ...   4. ... ...
2. ... ...   5. ... ...
3. ... ...   6. ... ...

Gramática I

The subjunctive to express emotion

A. Hablando de empleos. You will hear a series of statements that do *not* appear in your manual. Choose the most appropriate reaction to each statement from the following list. Then repeat the correct answer after the speaker.

Me alegro de que estés tan contento.

Siento que tú fumes.

Lamento que mi amigo no hable español.

Me enoja que discriminen contra las mujeres en los empleos.

Pero temo que en ese empleo no paguen mucho.

Me disgusta que haya tantas personas sin trabajo.

1. ...   ...   4. ...   ...
2. ...   ...   5. ...   ...
3. ...   ...   6. ...   ...

The subjunctive to express doubt or uncertainty

B. Oficios y profesiones. You will hear the following statements; after each you will also hear an expression of doubt or uncertainty consisting of a *verb* + **que**. These expressions do *not* appear in your manual. Add them to the beginning of each statement making changes as necessary. Then repeat the correct answer after the speaker.

Modelo: Me darán el empleo.
          No creo que . . .
          No creo que me den el empleo.

1. Los anuncios clasificados son una manera excelente de conseguir trabajo.
   . . .   . . .

2. Ser reportero es más peligroso que ser policía.
   . . .   . . .

3. Los vendedores siempre mienten.
   . . .   . . .

4. En los Estados Unidos se publican más periódicos en español que en inglés.
   . . .   . . .

5. Una buena dicción es la cualidad más importante en un locutor.
   . . .   . . .

6. Me costará trabajo conseguir empleo después de mi graduación.
   . . .   . . .

Gramática II

Sequence of tenses in the subjunctive

A. Susanita está arruinada (*broke*). You will hear a series of statements from Susanita about her financial problems; these statements are *not* in your manual. Listen to them and react with another statement beginning with the following expressions. Make appropriate changes and repeat the correct answer after the speaker.

Modelo: —He perdido dinero al vender mis acciones.
—Lamento que tú...
—*Lamento que tú hayas perdido dinero al vender tus acciones.*

1. ...
   —Sentía mucho que tú _____.
2. ...
   —Me sorprendió que tú _____.
3. ...
   —Me enoja que alguien _____.
4. ...
   —Lamento que tú _____.
5. ...
   —Lamentaba que tú _____.
6. ...
   —Todos sentiríamos que el banco _____.
7. ...
   —No creo que tus padres _____.
8. ...
   —Me alegro mucho de que unos amigos _____.

Impersonal uses of *haber*

B. Mi oficina. You will hear the following statements; restate each again by using an impersonal form of **haber** in the same tense as the highlighted verb. Then repeat the correct answer after the speaker.

1. En mi oficina *tenemos* diez empleados.
   ...
2. El año pasado *teníamos* sólo siete empleados.
   ...
3. El año próximo *tendremos* por lo menos doce empleados.
   ...
4. *Existen* muchos planes de expansión en mi oficina
   ...
5. No dudo que en un futuro *tengamos* varias sucursales de esta oficina.
   ...
6. Si *tuviéramos* aquí un poco menos de actividad, yo sería feliz.
   ...
7. Ayer, por ejemplo, *recibimos* unas mil llamadas telefónicas.
   ...

8. Todos estábamos tan ocupados que no pensamos que *tendríamos* tiempo para almorzar.
. . .

Other ways to express obligation

C. Hablan los trabajadores. You will hear about the following personal responsibilities of workers expressed with **tener** + **que**. After you hear a statement, express the obligation impersonally by using **haber** + **que**. Then repeat the correct answer after the speaker.

1. Ayer *tuve que* buscar mucha información sobre los clientes en la computadora.
. . .

2. *Tendré que* cambiar todo el sistema eléctrico del edificio.
. . .

3. Yo no creía que *tuviera que* poner más concreto en la acera.
. . .

4. *He tenido que* limpiar todas las ventanas del rascacielos.
. . .

5. Probablemente *tenga que* pintar ese puente mañana.
. . .

6. El anuncio decía que *tendría que* llevar herramientas.
. . .

7. Me dijeron que *tenía que* inspeccionar el taxi todos los meses.
. . .

8. El cocinero me dijo: —José, siento que Ud. *haya tenido que* lavar tantos platos.
. . .

NOMBRE _____ FECHA _____ CLASE _____

Capítulo 10

Vocabulario y comprensión auditiva

A. You will hear the following passage twice. Complete the missing sections the first time you hear it. Check your answers when you listen the second time.

Alfonso XIII, el abuelo de Juan Carlos II, el presente rey de España, era muy _____

_____ y organizaba _____

_____ a fines de siglo. Don Juan Carlos, su nieto, también siente pasión por los

vehículos de motor y pilotea _____ coches, motos

_____, helicópteros y _____

_____. El vehículo favorito del monarca es un Porsche

_____. Iba en él con su hija Cristina cuando sufrió

un accidente. Por suerte, _____.

En realidad, el Rey es un _____ y practica una

gran variedad de deportes. Un deporte que le gusta mucho es el esquí. Cuando el Rey va a

esquiar a Baqueira, mantiene su _____ y sale muy

temprano en _____. Aunque es un hombre de más

de cincuenta años, don Juan Carlos _____ de la

_____ de un hombre ágil cuando se desliza por las

_____.

Hace unos años, el Rey tuvo un accidente cuando esquiaba en una _____

_____. Este accidente lo obligó a _____

_____ y a _____ por algún tiempo.

219

También sufrió una _____ en una estación de esquí francesa.

_____ todos los accidentes el Monarca, con _____ espíritu deportivo, lejos de _____

_____ , no ha perdido la _____

_____ a los deportes.

B. You will hear a series of definitions that are *not* in your manual. Choose from the following list the expression that fits each definition. Then repeat the correct answer after the speaker.

1. ... amazona
2. ... amedrentarse
3. ... cacería
4. ... cristalera
5. ... destreza
6. ... embarcación
7. ... encomiable
8. ... hacer gala
9. ... hacerse añicos
10. ... ladera
11. ... natación
12. ... partido
13. ... quirófano
14. ... sano y salvo
15. ... zambullida

C. En el hospital. You will hear a number of hospital personnel and patients describe their situation and needs; these statements do *not* appear in your manual. Choose the expression from the following list that best fills the needs of each person. Then repeat the correct answer after the speaker.

1. ... Necesita una camilla.
2. ... Necesita muletas.
3. ... Necesita oxígeno.
4. ... Necesita una pomada.

NOMBRE _____ FECHA _____ CLASE _____

5. ... Necesita puntos.

6. ... Necesita una silla de ruedas.

7. ... Necesita una venda.

8. ... Necesita yeso.

D. Amalia Guzmán y su accidente. You will hear a dialog twice that is *not* in your manual. Then you will be asked a series of questions that are *not* in your manual. Listen carefully and answer each question. Then repeat the correct answer after the speaker.

1. ...   5. ...
2. ...   6. ...
3. ...   7. ...
4. ...   8. ...

Gramática I

The subjunctive with impersonal expressions

A. Deportes de verano. You will hear the following advice given in an impersonal way. After you hear each piece of advice, restate it in a personal way, as you would say it to a friend. Then repeat the correct answer after the speaker.

Modelo: Es importante protegerse la cabeza con un casco.
          Es importante que te protejas la cabeza con un casco.

1. Es conveniente tomar lecciones de natación.
   ...

2. Será necesario llevar gorro de baño en la piscina.
   ...

3. Es preciso llevar un salvavidas en el bote.
   ...

4. Sería imposible practicar el surf si no hubiera olas.
   ...

5. Es conveniente saber dar respiración boca a boca.
   ...

6. Es muy posible resbalar junto a una piscina.
   ...

7. Será imposible avanzar con el velero si no hay viento.
   ...

8. Es preciso evitar el sol excesivo en la playa.
   ...

Capítulo 10: Los deportes

The subjunctive to refer to unknown people, places, or things

B. You will be asked a series of questions, inquiring about the existence of someone or something; these questions do *not* appear in your manual. Answer each twice; first affirmatively and then negatively. Then repeat the correct answer after the speaker.

Modelo: ¿Conoce Ud. una escuela donde den lecciones de ski?
Sí, conozco una escuela donde dan lecciones de ski.
No, no conozco una escuela donde den lecciones de ski.

1. ... ...   4. ... ...
2. ... ...   5. ... ...
3. ... ...   6. ... ...

C. You will hear the following series of incomplete sentences. Choose the correct form of the verb shown and say the complete sentence. Then repeat the correct answer after the speaker.

1. Iré a la playa que mis amigos _____. (escogen / escojan)
   ...
2. Tú siempre vas a los sitios que tus amigos _____. (escogen / escojan)
   ...
3. Jugaré un partido de tenis con cualquiera que _____. (me invita / me invite)
   ...
4. Llevaré mi raqueta de tenis adonde _____. (vaya de vacaciones / fui de vacaciones)
   ...
5. Por favor, cómprame una raqueta de tenis, pero compra la mejor raqueta que _____. (hay en la tienda / haya en la tienda)
   ...
6. Mi familia siempre iba de acampada adonde yo _____. (prefiera ir / prefería ir)
   ...
7. Debes hacer lo que el instructor de esquí _____. (te diga / te diría)
   ...
8. En aquella playa Ud. podía practicar cualquier deporte que _____. (quiere / quisiera)
   ...

| NOMBRE _____ FECHA _____ CLASE _____ |

Gramática II

Comparisons of equality

A. El doctor Quintín y sus colegas. You will hear the following statements about Doctor Quintín. Then you will hear mentioned the name(s) of other people who do *not* appear in your manual. Make a comparison of equality between these other people and Doctor Quintín. Then repeat the correct answer after the speaker.

Modelo: El doctor Quintín trabaja mucho. / la doctora Fuentes
La doctora Fuentes trabaja tanto como el doctor Quintín.

1. El doctor Quintín tiene muchos pacientes.
   . . .   . . .
2. El doctor Quintín comprende bien a los pacientes.
   . . .   . . .
3. El doctor Quintín es brillante.
   . . .   . . .
4. El doctor Quintín es simpático.
   . . .   . . .
5. El doctor Quintín gana mucho dinero.
   . . .   . . .
6. El doctor Quintín trabaja muchas horas al día.
   . . .   . . .
7. El doctor Quintín tiene mucha paciencia.
   . . .   . . .
8. El doctor Quintín tiene tres títulos de medicina.
   . . .   . . .

Comparisons of inequality

B. Los deportes, mis amigos y yo. You will hear the following information about two or more people. After you hear the information, compare the first person to the second one(s). Then repeat the correct answer after the speaker.

Modelo: Yo no remo muy rápido. / Margarita rema muy rápido.
Yo remo menos rápido que Margarita.

1. José tiene tres raquetas de tenis. / Pablito tiene dos raquetas.
   . . .
2. Yo dedico poco tiempo a los deportes. / Mis amigos dedican mucho tiempo a los deportes.
   . . .
3. Tengo veintidós años. / Mi amiga tiene veintitrés años.
   . . .

Capítulo 10: Los deportes **223**

4. Soy muy buen nadador. / Teresa no es buena nadadora.
   . . .

5. Patino mal. / Pilar patina bien.
   . . .

6. Soy fuerte. / Alejandro no es muy fuerte.
   . . .

C. Un equipo deportivo. You will hear a series of comparative statements that do *not* appear in your manual. Restate each comparison using the irregular form. Then repeat the correct answer after the speaker.

Modelo: El capitán de mi equipo es más viejo que yo.
El capitán de mi equipo es mayor que yo.

1. . . .   . . .   4. . . .   . . .
2. . . .   . . .   5. . . .   . . .
3. . . .   . . .   6. . . .   . . .

Superlative of adjectives

D. Exageraciones. You will hear a series of statements containing adjectives that do *not* appear in your manual. Exaggerate each statement by replacing the adjective with its absolute superlative form. Then repeat the correct answer after the speaker.

Modelo: Los alpinistas subieron una montaña alta.
Los alpinistas subieron una montaña altísima.

1. . . .   . . .   6. . . .   . . .
2. . . .   . . .   7. . . .   . . .
3. . . .   . . .   8. . . .   . . .
4. . . .   . . .   9. . . .   . . .
5. . . .   . . .   10. . . .   . . .

NOMBRE _____ FECHA _____ CLASE _____

Capítulo 11

Vocabulario y comprensión auditiva

A. Definiciones. You will hear a series of definitions that are *not* in your manual. Choose from the following list the word that fits each definition and say it. Then repeat the correct answer after the speaker.

1. ...   aplausos
2. ...   aportar
3. ...   bofetada
4. ...   cadena
5. ...   estrechar
6. ...   firma
7. ...   hazaña
8. ...   huyeron
9. ...   lazo
10. ...   televidente

B. Contradicciones. You will hear the following series of sentences. After you hear a sentence, choose from the following list the term opposite in meaning to the highlighted word. Replace it with the opposite word making any changes necessary and say the new sentence. Then repeat the correct answer after the speaker.

1. Recibió *un premio*.   antipatía
   ...   bondad
2. La escena pasa al *principio*. castigo
   ...   entretenido
3. Ella sólo piensa en *la venganza*. final
   ...   lenta
4. Prefiero comer en un lugar *ruidoso*.
   ...

225

5. Lleva una vida de constante *goce*.
   . . .

6. No puedo resistir su *risa*.
   . . .

7. Siento gran *simpatía* por Elsa.
   . . .

8. Hizo eso por *amor*.
   . . .

9. *La crueldad* de esa señora es muy grande.
   . . .

10. Ese programa es bastante *aburrido*.
    . . .

11. La escena del fin es *rápida*.
    . . .

12. Me sorprendió su *recuerdo*.
    . . .

llanto
odio
olvido
perdón
sufrimiento
tranquilo

C. Amor y venganza. You will hear an episode of a soap opera, "Amor y venganza", twice. Listen carefully; the episode is *not* in your manual. You will be asked a series of questions that also are *not* in your manual. Answer each question and repeat the correct answer after the speaker.

1. . . .   . . .   5. . . .   . . .
2. . . .   . . .   6. . . .   . . .
3. . . .   . . .   7. . . .   . . .
4. . . .   . . .   8. . . .   . . .

D. En el teatro. You will hear twice a dialog between a gentleman and the lady usher at a theater. Listen carefully; the dialog is *not* in your manual. Then you will be asked a series of questions that also are *not* in your manual. Answer each question and repeat the correct answer after the speaker.

1. . . .   . . .   5. . . .   . . .
2. . . .   . . .   6. . . .   . . .
3. . . .   . . .   7. . . .   . . .
4. . . .   . . .   8. . . .   . . .

NOMBRE _____ FECHA _____ CLASE _____

Gramática I

The subjunctive in adverbial clauses

A. La televisión y los televisores. You will hear a series of incomplete sentences. As you hear each sentence, replace the infinitive in the following second item with the correct verb form and complete the sentence with this second item. Then repeat the complete sentence after the speaker.

Modelo: Alicia me invitó a su casa para que _____.
yo / ver el programa con ella
Alicia me invitó a su casa para que yo viera el programa con ella.

1. Pondré mi telenovela a menos que _____.
   Ud. / querer ver otra cosa
   . . .

2. Oiremos el radio en caso de que _____.
   el televisor / no funcionar
   . . .

3. Mi padre me dio el dinero a fin de que _____.
   yo / comprar un televisor
   . . .

4. Siempre veo televisión por la noche a menos que _____.
   haber / un examen al día siguiente
   . . .

5. Mi sobrino Pepito nunca ve programas sin que _____.
   su madre / darle permiso
   . . .

6. La madre de Pepito lo deja ver la televisión a condición de que _____.
   él / hacer su tarea primero
   . . .

7. Yo le digo a mi sobrino que debe aprender a leer para que _____.
   él / poder leer los programas de "Teleguía"
   . . .

8. Soy adicta a las películas y no pasa un día sin que _____.
   yo / alquilar un video
   . . .

B. Eso fue en el pasado. You will hear the following series of sentences. Then you will hear the beginning of each sentece restated in the past, which is *not* in your manual. Complete each sentence and then repeat the correct answer after the speaker.

Modelo: Alquilaré una película para que mi novia la vea.
Alquilé una película . . .
Alquilé una película para que mi novia la viera.

Capítulo 11: Los espectáculos **227**

1. Le voy a regalar un televisor a mi madre a fin de que pueda ver las telenovelas.
   . . .   . . .

2. Te prestaré los videos a condición de que los cuides.
   . . .   . . .

3. Nunca veo películas de horror a menos que alguien las vea conmigo.
   . . .   . . .

4. No pasa un sábado sin que vayamos al cine.
   . . .   . . .

5. No me quedo en casa por la noche a menos que pongan una buena película en la tele.
   . . .   . . .

6. Mañana llamaré a Ernesto para que vayamos al cine.
   . . .   . . .

C. You will hear the following incomplete sentences. Choose the correct completion of each sentence from the two following options. Then repeat the correct answer after the speaker.

1. Él iba a producir un nuevo programa de noticias tan pronto como _____.
   a. consiga un patrocinador   b. consiguiera un patrocinador
   . . .

2. El concurso continuará hasta que alguien _____.
   a. gana el premio   b. gane el premio
   . . .

3. El nuevo concurso comenzará después que _____.
   a. acabará el primero   b. acabe el primero
   . . .

4. Anoche me acosté después que _____.
   a. oí las noticias   b. oiga las noticias
   . . .

5. Mi abuelo siempre se acuesta antes de que _____.
   a. dan las noticias   b. den las noticias
   . . .

6. Comenzó a tomar clases de guitarra en cuanto _____.
   a. tenga una guitarra   b. tuvo una guitarra
   . . .

7. Voy a tocar con un conjunto cuando _____.
   a. aprenderé a tocar bien la batería   b. aprenda a tocar bien la batería
   . . .

8. Salieron del estadio después que _____.
   a. terminó el concierto   b. termine el concierto
   . . .

NOMBRE _____ FECHA _____ CLASE _____

Gramática II

Subjunctive and indicative in *if*-clauses

A. You will hear the following series of incomplete contrary-to-fact sentences. After you listen, choose the appropriate completion from the following list of possibilities. Then repeat the correct answer after the speaker.

1. Si me prestaras tu casetera _____.
   . . .
2. Si nos hubieras invitado _____.
   . . .
3. Si supiera bailar _____.
   . . .
4. Si perdiera mi boleto _____.
   . . .
5. Si ganaras la lotería _____.
   . . .
6. Si una butaca estuviera rota _____.
   . . .
7. Si al público no le gustara el concierto _____.
   . . .
8. Si viviéramos en la ciudad de Miami _____.
   . . .

no aplaudiría tanto

iría a la discoteca

iríamos al estudio de "Sábado Gigante"

te la devolvería mañana

habríamos ido a tu fiesta

¿me regalarías un automóvil?

no me sentaría en ella

tendría que comprar otro

Como si

B. Hablando del concierto. You will hear the following series of incomplete sentences. After you listen, choose the appropriate completion from the following list of possibilities. Then repeat the correct answer after the speaker.

1. El cantante cantó mal, como si _____.
   . . .
2. Los amplificadores dejaron de funcionar, como si _____.
   . . .
3. Un joven se tapaba las orejas, como si _____.
   . . .
4. La gente corría loca para salir, como si _____.
   . . .

hubiera un fuego

estuviera aburrido

no hubiera ensayado

no hubieran conseguido asiento

no tuviera reloj

se hubiera ido la electricidad

le dolieran los oídos

le hubiera gustado mucho el concierto

Capítulo 11: Los espectáculos **229**

5. La guitarra principal llegó muy tarde, como si _____.
   . . .

6. Muchas personas estaban de pie, como si _____.
   . . .

7. Mi amigo se durmió, como si _____.
   . . .

8. El público aplaudía, como si _____.
   . . .

NOMBRE _____ FECHA _____ CLASE _____

Capítulo 12

Vocabulario y comprensión auditiva

A. Definiciones. You will hear a series of definitions that are *not* in your manual. Choose from the following list the word that fits each definition. Then repeat the correct answer after the speaker.

1. ...   asombroso
2. ...   balanza
3. ...   balneario
4. ...   balsa
5. ...   baúl
6. ...   descartar
7. ...   engrosar
8. ...   escalón
9. ...   folleto
10. ... humo
11. ... pareja
12. ... superficie

B. Dictado. You will hear the following passage twice. Complete the missing sections the first time you hear it. Check your answers when you listen the second time.

En la Península de _____ está Chichén Itzá, una ciudad maya. El edificio más conocido de esta ciudad es la _____, que es en realidad un templo a Kukulkán, el dios con figura de _____ _____. El espectáculo de la serpiente atrae a muchos turistas. En los _____ de primavera y otoño, el sol desciende por los _____ _____ de la pirámide y produce el _____ de un _____

231

_____ en movimiento. Cuando el sol llega a las dos cabezas de serpiente que hay _____, el efecto es _____.

Mucho más al sur, en el Perú, están las _____ de Machu Picchu, cerca del Cuzco, la _____. No sabemos exactamente cómo ni por qué se construyó Machu Picchu, pero se cree que la hicieron los _____ cuando llegaron los españoles. Estas ruinas están en un _____, rodeado de montañas; por eso tienen un aspecto _____.

También está en el Perú, en un _____, la _____, que tiene figuras enormes _____. Algunas figuras son _____; otras son animales enormes: _____, un mono, un cóndor... La _____ del desierto es oscura, porque _____ al contacto con el aire, y al _____ se descubre _____. Las figuras no se ven cuando uno está _____ y sólo se aprecian bien desde un avión.

C. You will hear twice a dialog that is divided into two episodes, each of which is followed by a series of questions. Neither the episodes nor the questions appear in your manual. Listen carefully, answer the questions, and then repeat the correct answers after the speaker.

Primer episodio:

1. ... ...   4. ... ...
2. ... ...   5. ... ...
3. ... ...   6. ... ...

Segundo episodio:

1. ... ...   5. ... ...
2. ... ...   6. ... ...
3. ... ...   7. ... ...
4. ... ...

Gramática I

Placement of descriptive adjectives

A. You will hear the following sentences. Then you will hear an adjective that does *not* appear in your manual. Restate each sentence by placing the adjective in the correct position next to the highlighted word. Then repeat the correct answer after the speaker.

1. Laura y Rosario son *amigas*.
    . . .   . . .
2. Las *chicas* se enfermaron en el avión.
    . . .   . . .
3. A Laura le interesan las *civilizaciones*.
    . . .   . . .
4. En las afueras (*outskirts*) de Lima vive mucha *gente*.
    . . .   . . .
5. El *museo* que vimos fue el Museo del Oro.
    . . .   . . .
6. Valió la pena visitarlo, porque es un *museo*.
    . . .   . . .
7. En el pasado, hubo en Centro y Suramérica *civilizaciones*.
    . . .   . . .
8. En Suramérica hay varios *países*.
    . . .   . . .

B. Mi viaje al Perú. You will hear the following sentences. Then you will hear two adjectives that do *not* appear in your manual. Restate each sentence by placing the adjectives in the appropriate position next to the highlighted word. Then repeat the correct answer after the speaker.

1. En un museo de Lima vi *piezas*.
    . . .   . . .
2. Lima tiene *edificios*.
    . . .   . . .
3. Machu Picchu está en el Cuzco, la *capital*.
    . . .   . . .
4. Los incas celebraban el Inti Raymi, una *ceremonia*.
    . . .   . . .
5. El pueblo peruano celebra hoy el Inti Raymi para mantener vivas sus *tradiciones*.
    . . .   . . .
6. En el desierto de Nazca hay *figuras*.
    . . .   . . .

Capítulo 12: Viajando por el mundo hispánico

Lo + adjective

C. You will hear the following sentences. After you hear a sentence, restate it by replacing the highlighted words with **lo** + the *adjective*. Then repeat the correct answer after the speaker.

   Modelo: **La parte mejor** del viaje fue la excursión a las montañas.
             Lo mejor del viaje fue la excursión a las montañas.

   1. *La cosa extraña* fue que encontramos mucha gente conocida en aquel país.
      . . .
   2. *La parte mala* de la excursión fueron los mosquitos.
      . . .
   3. *La parte desagradable* de los viajes es hacer las maletas.
      . . .
   4. *La cosa más fascinante* de México es su historia.
      . . .
   5. Para mí, *la cosa más interesante* de México son las ruinas de Teotihuacán.
      . . .
   6. Y *la cosa divertida* de México son los mariachis.
      . . .

Adjectives used as nouns

D. You will hear a series of nouns combined with adjectives; these do *not* appear in your manual. Replace each noun phrase with the appropriate article plus the plural form of the adjective. Then repeat the correct answer after the speaker.

   Modelo: las personas tacañas
             los tacaños

   1. . . .   . . .   6. . . .   . . .
   2. . . .   . . .   7. . . .   . . .
   3. . . .   . . .   8. . . .   . . .
   4. . . .   . . .   9. . . .   . . .
   5. . . .   . . .   10. . . .   . . .

Gramática II

¿Qué . . . ? and *¿Cuál . . . ?*

A. You are at the airport of Ezeiza, in Buenos Aires, and have to translate questions for an American traveler who knows no Spanish. You will hear a series of questions in English from the traveler that do *not* appear in your manual. Translate them into

NOMBRE _____ FECHA _____ CLASE _____

Spanish but be careful with the use of **qué** and **cuál**. Then repeat the correct translations after the speaker.

1. ...   ...   6. ...   ...
2. ...   ...   7. ...   ...
3. ...   ...   8. ...   ...
4. ...   ...   9. ...   ...
5. ...   ... 10. ...   ...

Uses of *que* and *quien(es)*

B. You will hear the following sentences. After you hear a sentence, restate it by replacing *que* with *quien* or *quienes* whenever possible. Then repeat the correct answer after the speaker.

1. Todas las personas con que viajé eran españolas.
   ...
2. Pepito es el niño que se está poniendo la chaqueta.
   ...
3. Marta, que es mi mejor amiga, va a viajar conmigo.
   ...
4. Marta es la joven de que te hablé el mes pasado.
   ...
5. El niño que lleva el sombrero mexicano se llama Miguelín.
   ...
6. La señora que les da información a los pasajeros es amable.
   ...
7. La señorita a la que ayudé no sabe español.
   ...
8. En el aeropuerto conocí a los Rodríguez, que también iban a México.
   ...

Uses of *lo que* and *lo cual*

C. You will hear the following sentences. After you hear a sentence, restate it by replacing **lo que** with **lo cual** whenever possible. Then repeat the correct answer after the speaker.

Comentarios de los viajeros:

1. *Lo que* menos me gusta de los viajes es el avión.
   ...
2. Tengo miedo de volar, por *lo que* viajo muy poco.
   ...

3. Este avión es pequeño, *lo que* me pone un poco nervioso.
   . . .

4. *Lo que* importa es que el avión esté en buenas condiciones mecánicas.
   . . .

5. Esta línea aérea tiene excelentes pilotos, *lo que* me tranquiliza.
   . . .

6. A veces no comprendo *lo que* anuncia el piloto durante el vuelo.
   . . .

7. Cuando viajo, compro todo *lo que* veo.
   . . .

8. Siempre viajo con muchas maletas, *lo que* puede ser un problema.
   . . .

Respuestas a los crucigramas

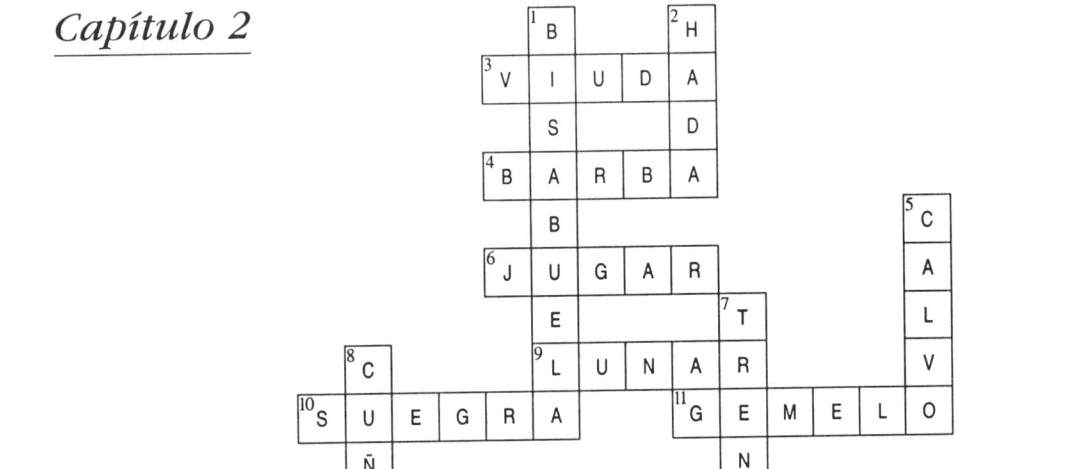

Capítulo 2

Across: 3 VIUDA, 4 BARBA, 6 JUGAR, 9 LUNAR, 10 SUEGRA, 11 GEMELO, 12 MARIDO, 14 BIZNIETO, 15 UNIDO, 16 SOLTERO

Down: 1 BISABUELA, 2 HADA, 5 CALVO, 7 TRENZA, 8 CUÑADO, 13 OJH

Capítulo 4

1 ABRELATAS
2 BOTIQUIN
3 TOALLA
4 ASPIRADORA
5 SARTEN
6 ASAS
7 LIMPIADOR
8 TINA
9 AGARRADER
10 SUAVIZADOR
11 DESPERDICIAR
12 MICROONDAS
13 AZULEJOS
14 ENJUAGUE
15 LOSETA
16 TRAPEADOR
17 LAVABO

Capítulo 5

1 CAMION
2 CADENA
3 PEATON
4 PALOMA
5 CASCO
6 CAMPANA
6 COLUMPIO
7 TOLDO
8 BANCO
8 BANDERA
9 SEMAFORO
10 REMOLCAR
11 BUZON
12 MENDIGO
13 CRUZAR
14 CANTERO
15 CABINA
16 COLON
17 AMPLIACION
18 MOTO
19 TE
20 FLECHA

Capítulo 7

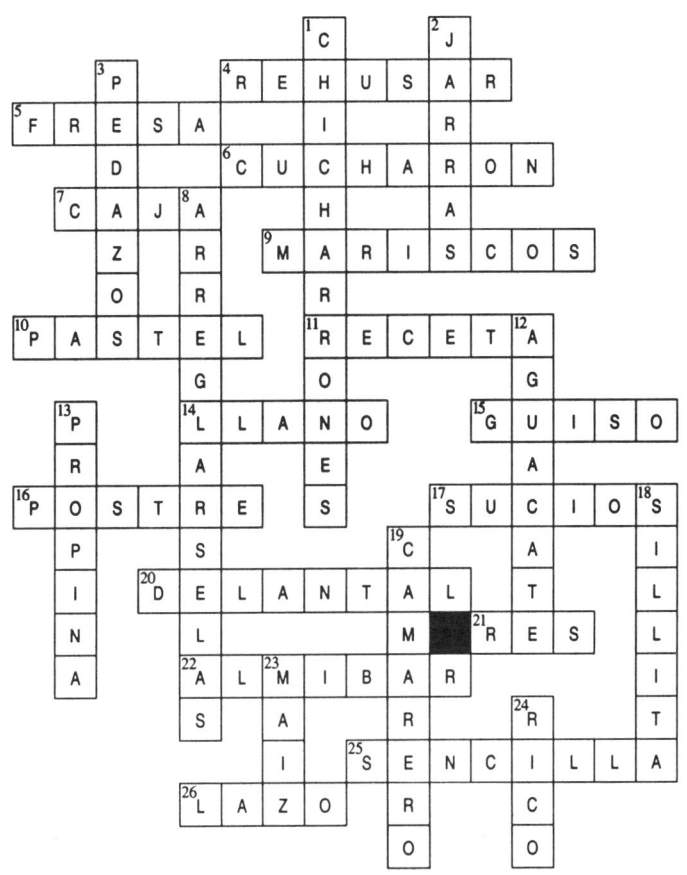

Horizontales:
4. REHUSAR
5. FRESA
6. CUCHARON
7. CAJA
9. MARISCOS
10. PASTEL
11. RECETA
14. LLANO
15. GUISO
16. POSTRES
17. SUCIO
20. DELANTAL
21. RES
22. ALMIBAR
25. SENCILLA
26. LAZO

Verticales:
1. C
2. J
3. PDCAZO (PEDAZO)
4. RIA (HARINA/HIRA)
5. FRESA
8. ARRR
12. AGA
13. PRPINA (PROPINA)
14. LAS
17. SATRO
18. SILLITA
19. CM...RO
23. MAI
24. RCO

Capítulo 9

Horizontales:
5. ANDAMIO
8. DORSO
9. CONSEJERO
10. ASALTO
14. PRESTAR
16. PADECER
17. EN
18. ASCARADO (ENMASCARADO)
20. GIRO
21. BOTICA
22. CUENTA
23. IMPRESOR
24. TESTIGO

Verticales:
1. HACE
2. RUEDA
3. CJERO
4. MONEDA
5. A
6. L
7. DESEMPLE...
12. HERRERO
13. GRAPA...DORA
15. TRIPA
18. ADM...
19. PROPP...

Capítulo 12

240 Mundo unido: Manual de laboratorio

NOTES

NOTES

NOTES

NOTES

NOTES

NOTES

NOTES

NOTES

NOTES